東大爸爸寫給我的日本史

小島毅（Kojima Tsuyoshi）著
王筱玲 譯

父が子に語る日本史

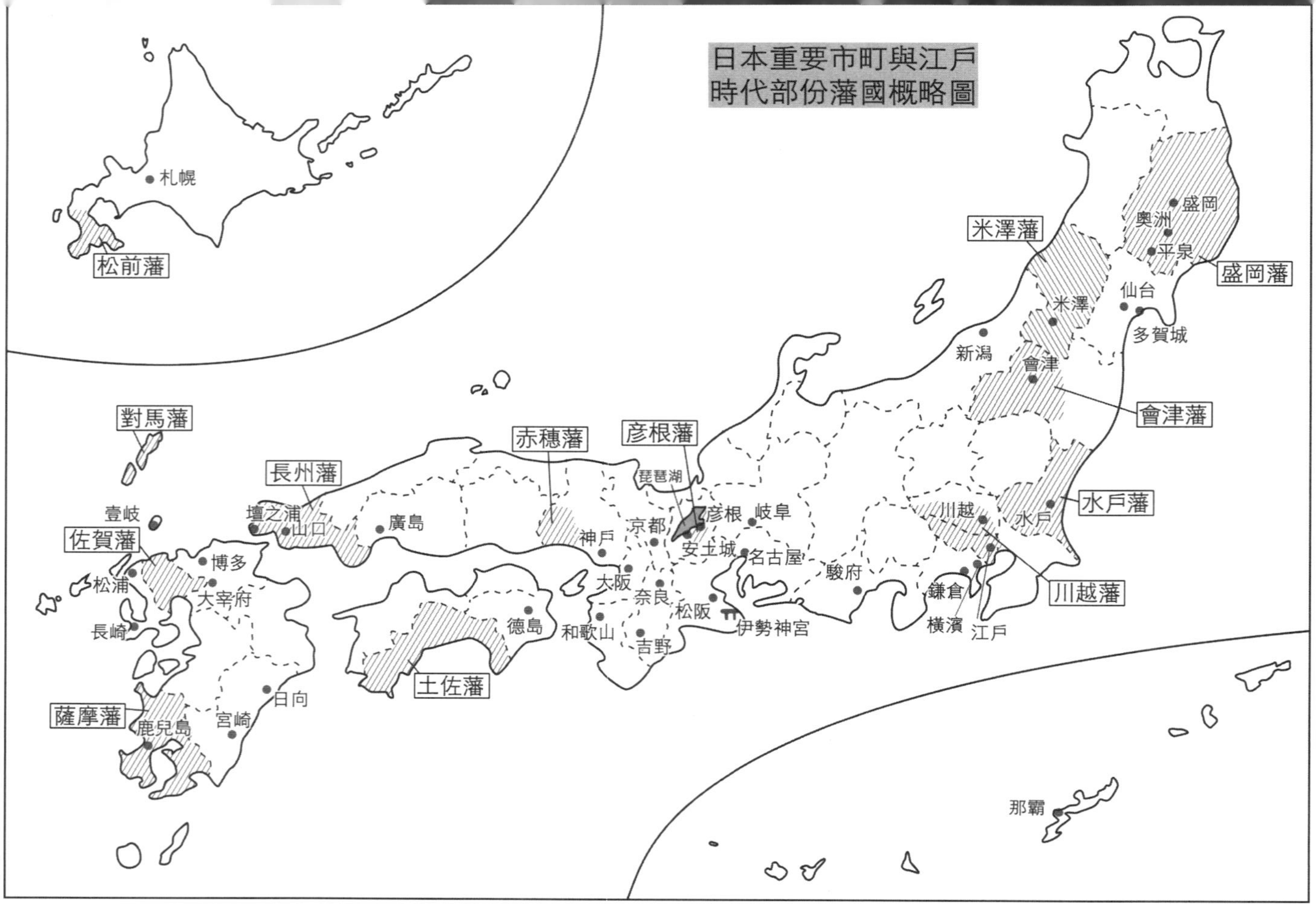
日本重要市町與江戸
時代部份藩國概略圖
札幌
松前藩
盛岡
奥洲
平泉
盛岡藩
米澤藩
仙台
米澤
多賀城
新潟
會津
會津藩
對馬藩
赤穂藩
彦根藩
長州藩
琵琶湖
壇之浦
山口
廣島
神戸
京都
彦根
岐阜
川越
水戸
水戸藩
壹岐
佐賀藩
博多
安土城
名古屋
駿府
松浦
大宰府
大阪
奈良
松阪
伊勢神宮
鎌倉
横濱
江戸
川越藩
長崎
徳島
和歌山
吉野
土佐藩
日向
薩摩藩
鹿兒島
宮崎
那覇

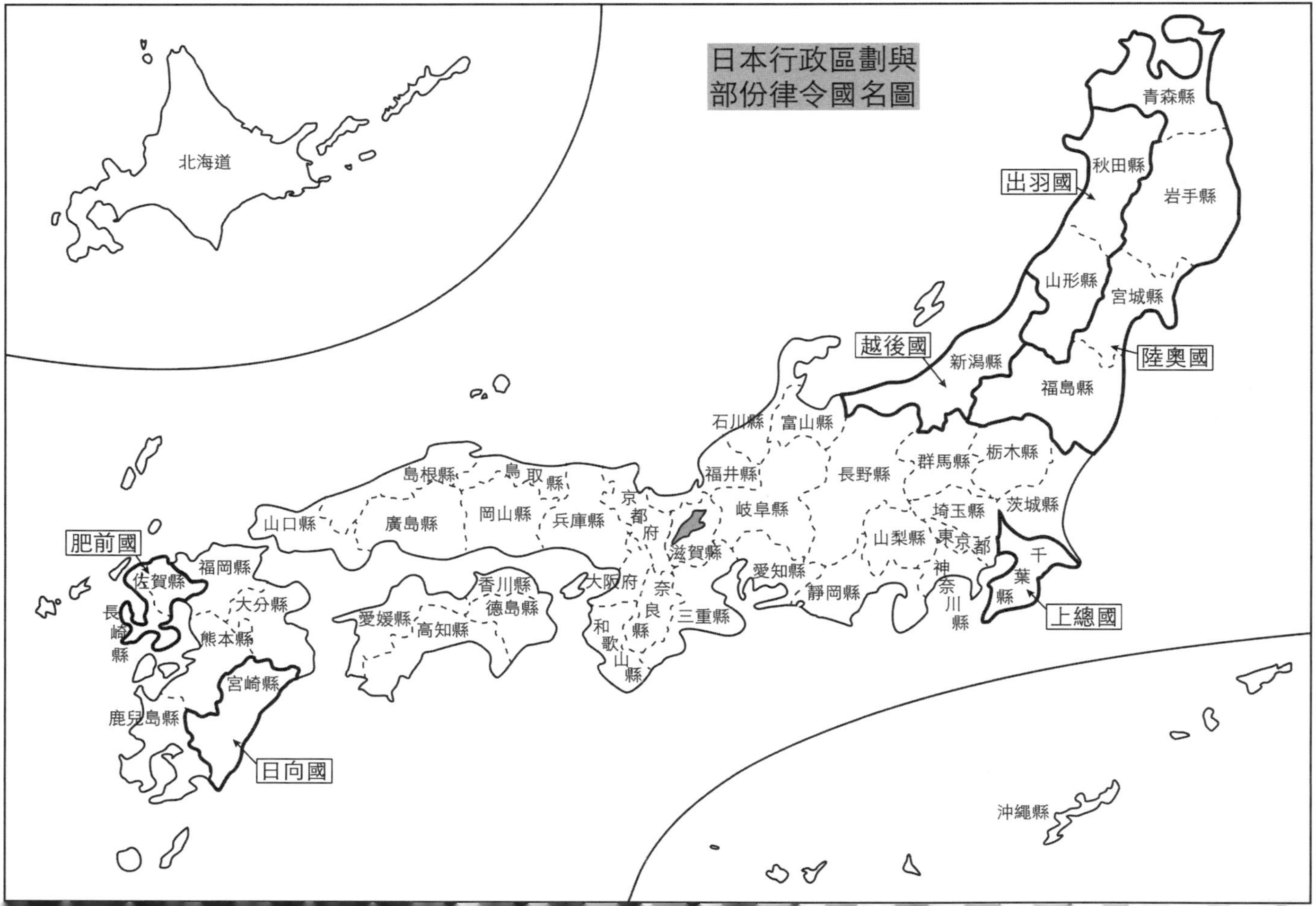
日本行政區劃與
部份律令國名圖
北海道
青森縣
秋田縣
岩手縣
出羽國
山形縣
宮城縣
陸奧國
越後國
新潟縣
福島縣
石川縣
富山縣
群馬縣
栃木縣
福井縣
長野縣
島根縣
鳥取縣
京都府
岐阜縣
埼玉縣
茨城縣
山口縣
廣島縣
岡山縣
兵庫縣
山梨縣
東京都
千葉縣
肥前國
滋賀縣
愛知縣
神奈川縣
福岡縣
佐賀縣
香川縣
大阪府
奈良縣
靜岡縣
上總國
大分縣
德島縣
愛媛縣
高知縣
和歌山縣
三重縣
長崎縣
熊本縣
宮崎縣
鹿兒島縣
日向國
沖繩縣

日本年表

彌生時代	57年	倭奴國王遣使向東漢光武帝進貢，得到「漢倭奴國王印」
	239年	邪馬台國女王卑彌呼向魏明帝朝貢，得「親魏倭王」之稱號與金印
古墳時代	5世紀前半	倭五王遣使向南朝劉宋進貢
	479年	雄略天皇過逝
	507年	繼體天皇即位
	513年	五經博士王仁自百濟來日
	531年	繼體天皇過逝
	539年	欽明天皇即位
	572年	敏達天皇即位
	574年	聖德太子（廄戶王）出生
	585年	用明天皇即位
	587年	蘇我馬子攻滅物部守屋、崇峻天皇即位
飛鳥時代	592年	蘇我馬子殺害崇峻天皇，擁立推古天皇
	593年	聖德太子任攝政
	594年	聖德太子開始推廣佛教
	603年	制定冠位十二階
	604年	制定十七條憲法
	607年	派遣隋使小野妹子至中國
	629年	舒明天皇即位
	630年	第一次遣唐使
	643年	蘇我入鹿攻擊山背大兄王一族，迫使後者自盡於斑鳩寺
	645年	蘇我入鹿遭中大兄皇子及中臣鎌足暗殺、孝德天皇即位
	646年	頒布「改新之詔」，大化革新開始
	650年	山口縣國司獻白雉
	655年	齊明天皇即位
	661年	天智天皇即位
	663年	白村江海戰（白江口之戰）
	672年	壬申之亂
	689年	實施飛鳥淨御原令
	701年	制定大寶律令
奈良時代	710年	遷都至平成京
	712年	《古事記》完成
	717年	阿倍仲麻呂、吉備真備、玄昉入唐
	720年	《日本書紀》完成
	724年	聖武天皇即位
	741年	下令於各地建國分寺、國分尼寺

奈良時代	752年	吉備真備再次入唐
奈良時代	754年	鑑真隨遣唐使來日
奈良時代	764年	藤原仲麻呂之亂、稱德天皇即位
奈良時代	770年	稱德天皇過逝
奈良時代	771年	《萬葉集》完成
奈良時代	781年	桓武天皇即位
奈良時代	784年	遷都至長岡京
奈良時代	789年	阿弖流為叛亂
平安時代	794年	遷都至平安京
平安時代	804年	最澄、空海入唐
平安時代	805年	最澄返回日本
平安時代	806年	空海返回日本
平安時代	838年	最後一次遣唐使、圓仁赴唐
平安時代	849年	圓仁返回日本
平安時代	858年	藤原氏崛起，開始攝關政治
平安時代	889年	桓武天皇之孫高望王被賜「平」姓
平安時代	894年	廢止遣唐使制度
平安時代	901年	菅原道真被流放至九州大宰府，《日本三代實錄》完成
平安時代	935年	承平天慶之亂（平將門、藤原純友）、約於此年紀貫之完成《土佐日記》
平安時代	約1008年	紫式部完成《源氏物語》
平安時代	1017年	藤原道長任太政大臣
平安時代	1053年	平等院鳳凰堂建成
平安時代	1072年	白河天皇即位
平安時代	1086年	堀河天皇即位，白河上皇開始院政
平安時代	1107年	鳥羽天皇即位
平安時代	1123年	崇德天皇即位
平安時代	1129年	白河法皇過逝，結束院政
平安時代	1155年	後白河天皇即位
平安時代	1156年	保元之亂
平安時代	1159年	平治之亂
平安時代	1167年	平清盛任太政大臣，平氏當權
平安時代	1180年	源賴朝受命討伐平氏，源平合戰
平安時代	1185年	壇之浦合戰，平氏滅亡
鎌倉時代	1190年	源賴朝任右近衛大臣
鎌倉時代	1192年	源賴朝任征夷大將軍、建鎌倉幕府
鎌倉時代	1221年	承久之亂
鎌倉時代	1253年	蘭溪道隆為鎌倉建長寺開山
鎌倉時代	1268年	北條時宗任鎌倉幕府第八代執權
鎌倉時代	1274年	文永之役（蒙古襲日）
鎌倉時代	1281年	弘安之役（蒙古襲日）

鎌倉時代	1282年	無學祖元為鎌倉圓覺寺開山
	1300年	蘭溪道隆
	約1300年	《吾妻鏡》完成
	1333年	鎌倉幕府滅亡
南北朝時代	1336年	足利尊氏成立室町幕府、楠木正成戰死、後醍醐天皇逃往吉野，南北朝對立
	1338年	北畠顯家及新田義貞戰死、足利尊氏任征夷大將軍
	1339年	北畠親房撰《神皇正統記》
	1392年	南北朝統一
室町時代	1397年	第三代將軍足利義滿建成金閣寺
	1467年	應仁之亂
	1490年	第八代將軍足利義政建成銀閣寺
戰國時代	1561年	第四次川中島之戰
	1571年	織田信長火燒比叡山延曆寺
	1573年	織田信長將放逐室町幕府第十五代將軍足利義昭，室町幕府滅亡
安土桃生時代	1582年	本能寺之變
	1585年	豐臣秀吉任關白
	1592年	文祿之役（豐臣秀吉攻韓）
	1597年	慶長之役（豐臣秀吉攻韓）

	1600年	關原之戰
江戶時代	1603年	德川家康任征夷大將軍
	1609年	薩摩藩島津家遠征琉球、對馬藩宗氏與朝鮮恢復通商
	1615年	大阪夏之陣，豐臣家滅亡
	1670年	《本朝通鑑》完成
	1685年	採用涉川春海的貞享曆
	1702年	赤穗事件
	1787年	松平定信開始寬政改革
	19世紀前半	曲亭馬琴撰《南總里見八犬傳》
	1827年	賴山陽完成《日本外史》
	1853年	黑船來襲
	1858年	井伊直弼開始安政大獄、簽訂《安政條約》，橫濱開港
	1860年	櫻田門外之變
	1867年	大政奉還
明治、大正、昭和	1868年	明治天皇發表五條御誓文、戊辰戰爭
	1889年	發布大日本帝國憲法
	1919年	三・一萬歲事件
	1932年	五・一五事件
	1936年	二・二六事件

台灣版序

本書是二〇〇八年一月至三月執筆寫成的。讀者看了就會知道，這是以每天的日記形式作編排，而實際上也是如此。剛好在獨生女國中畢業要上高中的時候，因為想告訴她日本的歷史，就用每天上班前的一至二小時寫就本書。因此，如果遵從「子」的古文用法，我應該要用「女」這個字才對。儘管在現今的日文中，不論男女都可以用「子」來表示，但因為這個字的原意，或者說「歷史是男人的事」這種偏見的緣故，很多日文版的讀者都擅自誤解書名這個「子」是兒子而不是女兒。因此，在這裡清楚寫出我的孩子的性別。

比起在日本的讀者，台灣的讀者諸賢，應該更清楚知道日本國的歷史。本書是以日本的中學生在學校所學的歷史知識為前提來敘述的，所以不免擔心會不會有不少難以理解的地方。因為本書不是以概觀日本歷史本身為目的，不只如此，我在本書中，是以參照當下學界的最新動態來補充教科書所教的內容，並以故事所具有的「一貫性」來描寫

「通史」為目標。

日本的歷史一般分為古代、中世、近世、近現代ˋ四個時期，教科書也是這樣區分。這種區分方式也被用在專業研究者的分工中，像是介紹「我是日本古代史的專家」時也會用到。因此，日本史的研究者只會撰寫作為自己研究對象的時代的著作。這是因為對其他時代的研究者的敬意、迴避與自我防衛（避免受到「你的書錯誤百出」的指責），所以才不能寫那樣的書。因為我是專門研究中國思想史的人，對於這點，很輕鬆地就能執筆寫作。的確，以我的情況來說，要寫中國思想的通史是會感到困難的。

因此，儘管「斷代史」式（將歷史細分的做法）的處理方式，在事實關係的精密程度上相當可期這點，對學術上來說是很寶貴的，但這卻也成為阻礙一般讀者、特別是年輕人掌握歷史走向的要因。而且，在日本稱為通史的歷史，就像教科書那種，現在幾乎都靠上述的時代區分方式，以分工體制、共同撰述的方式來完成，實質上算是斷代史了。「是通史？是斷代史？」這是自司馬遷和班固以來就有的問題，結果是兩者都是必要的。這也是撰寫本書的根本原因。

本書若能夠得到眾多年輕讀者，並成為深化對日本歷史認識的機緣，將是我的榮幸。如果成真，我就可以說「吾人惟一女，台灣得多子」了。

癸巳上元

先憂房主　　小島　毅

1 在日本史中，「近現代」主要是指二次世界大戰後到昭和末期（在世界史上則是一次世界大戰後到冷戰終結、蘇聯瓦解）。

目次

♥心之章

◆寶之章

♣鋤之章

♠ 劍之章

平安京 朱雀門

A♠ 為什麼要寫這本書

剛剛的生日蛋糕很好吃吧！雖然你也這麼說，但實在吃太飽了。剛好是十五年前的這一天，你來到了我們的身邊。那天和今天一樣，是個有點冷的日子。

今天你正好成為在《論語》中，孔子所說「志於學」的年齡。「志於學」就是十五歲。而且，再兩個月就要從國中畢業了。如果要上高中，差不多就得開始認真念書。同時，也要開始為將來想要學習什麼樣的專業課程、想要從事什麼工作而準備了吧？是要和爸爸、媽媽一樣念歷史系？或者想要學習對實際工作更有幫助的科目？都要看你自己的選擇。我覺得，孔子所說的「志於學」，也有靠自己選擇未來出路的意思。

不過，很可惜的是，我很懷疑學校裡所用的教科書對這個問題能夠提供什麼幫助。原本就說不上是什麼有趣的內容，雖然我也參與公民倫理課的教科書編寫，但因為有各種限制，想寫的東西有一半都沒辦法放進去。

像爸爸、媽媽在大學裡學歷史，並不是因為教科書很有趣，而是因為遇到了讓我們對歷史產生興趣的書和老師。無論是日本史還是世界史，那些教科書，都因為變成了教科書而艱澀難懂，老實說，並不是有趣的讀物。如果因為教科書的關係而讓你討厭歷史這門學科，是非常可惜的。因此讓我下定決心寫這本書。

以前，印度有一位名叫尼赫魯（Jawaharlal Nehru，一八八九—一九六四）的政治家。他是印度獨立運動的領導者，在印度獨立成功後擔任總理。當他變成政治犯被關在獄中的時候，為了他的女兒——後來也成為印度總理、最後被暗殺的英迪拉．甘地（Indira Priyadarshini Gandhi，一九一七—一九八四）[1]，寫下談論人類歷史的書信。這些書信後來被集結出版為《父親對孩子說世界歷史》[2]這本書，讓世界各地的人都能讀到。我在差不多你這個年紀時讀到這本書即深受感動。因為我既沒有像尼赫魯那麼偉大，也並不是廣博多聞，好像也寫不出「世界的歷史」，但如果只是我們所生活的日本這個國家的歷史，說不定可以整理出來。我是這麼想的。

繼續讀下去就應該能理解，這本書雖然是「日本的歷史」，但它與被當作科目的「日本史」並不相同。高中的學科有分「日本史」與「世界史」，在不同的課堂上，很多

1 **英迪拉．甘地**：世稱甘地夫人，當選過四屆印度總理，有印度鐵娘子之稱。

2《**父親對孩子說世界歷史**》：日文版譯名與原文不同。一九三四年出版的《世界史一瞥》（*Glimpses of World History*）原文版收錄了作者在一九三〇至一九三三年間寫給女兒的一百九十六封信。作者另有一本收錄三十封書信、一九二八年出版的《父親給女兒的信》（*Letters from a Father to His Daughter*）。

學校也會由不同的老師來教。我一直覺得這種教學方法很奇怪。

第一，高中學科中的「世界史」，並不是「世界上的歷史」，而是把日本從世界中排除的歷史，也就是像這樣的公式：「〈全世界－日本〉的歷史＝世界史」。把我們自己生活所在的國家歷史排除，只學習外國的歷史，其實並沒有任何意義。因為先具備了「日本史」的基礎知識，才能掌握「世界史」的意義；最近還有不學「日本史」只修「世界史」，高中就可以畢業的方式。大學入學中心等的考試裡，選擇「世界史」、只為了考試而唸書的結果，就是學生變成對外國發生的事件年代、歷史上的人物知之甚詳，卻對日本的歷史幾乎一無所知。爸爸在大學裡教書，總是對這樣的弊病深感痛心。

第二，這也是互為表裡的關係，日本的歷史只在日本這個框架中是無法理解的。現在的日本國境定界於明治時代（嚴謹的說法會在後面提到）。在江戶時代，沖繩是名為「琉球國」的其他國家，而且北海道似乎也不被稱為國內，更何況那塊北方領土怎麼看也不是日本這個國家的領土。不過，從數千年前的繩文時代開始的「日本史」，當時的日本和現在的日本範圍是一樣的，所以我們要以這個前提來開始談。

然而，經過彌生時代到了古墳時代後，歷史主要集中在大和朝廷與其周邊地區，接著就進入飛鳥、奈良、平安時代。大和朝廷就是天皇的政府，歷史就是敘述這個政府如何擴展統治區域的故事。

原始	古代	中世	近世	近現代
繩文、彌生	（古墳時代）、飛鳥、奈良、平安	（院政期）、鎌倉、（南北朝）、室町	安土桃山、江戶	明治、大正、昭和、平成

一般的時代劃分

「日本」這個名字是在西元七世紀左右，由天皇的政府決定的。而且這個「天皇」的名稱，也是在差不多的時期開始被使用。所謂的「日本史」，就是以最早開始之天皇的政府治理區域為前提，依照時代的進程列舉出現今日本領土的整體歷史。但是教科書裡並沒有清楚說明為什麼沖繩、北海道在「日本國」統合之前，被列入「日本史」來談論。也就是說，日本與其他地方（也就是成為「世界史」對象的地區）的區隔，是因為事先根據現在的國境所作的劃分，所敘述的是與過去的人所描述、回憶相異的「日本」樣貌。

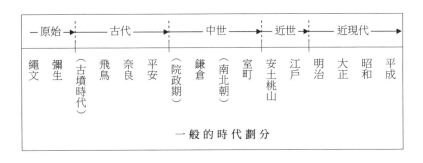

而且，和這點有關的是第三點，日本這個國家並不是只靠日本編織出歷史。日本在建國的時候，向中國大陸、朝鮮半島學了很多事物。關於這些，「古代」的部分，在教科書裡雖然有寫到，但是實際上鎌倉、室町時代的「中世」也可以說有類似的交流，即便到了稱為「鎖國」的江戶時代，日本並沒有完全切斷與海外的聯繫。

原本近畿地方和關東地方所想的「日本」，與九州地方的人所看見的「日本」，看法應該是不一樣的。但是「日本史」的教科書是從朝廷、幕府所在的京都、鎌倉、江戶，也就是日本的中央政府觀點來敘述日本這個國家的軌跡。

當然，這也有無可奈何之處。像「日本史」這種一個國家的歷史，是為了創造「近代」的民族國家所必須有的。法國有法國史、德國有德國史；而且在歷史上發生的同樣事情，法國方面的敘述觀點與德國方面的敘述方式也不同。因為這樣，為了強化民族的團結心，歷史就變成對自己的國家、祖國歌功頌德的寫法。

雖然我要說的內容有點難，但例如日本與中國對「歷史解讀」的差異就是引發問題的根源。爸爸現在擔任「中日歷史共同研究」的委員，正想辦法解決這個問題。中國人敘述的歷史，與日本這邊所看見的歷史，為什麼會產生分歧呢？不只是為了要思考這個問題，我想現在已到了要試著反省一國史[3]觀點的時候了。

因此，為了你的未來，我每天編寫一點「父親告訴孩子的日本史」。希望可以加入很多的軼事、努力讓它成為有趣的讀物。如此一來，不只是你，我希望與你同年齡的人也都能讀讀這本書。

3 **一國史**：日本學界專有用語，強調以日本為中心、單一文化論述的國史觀點。

2♠ 希望展現整體樣貌

我重新思考、校讀了昨天寫好的原稿。我應該要怎麼稱呼自己比較好呢？一般我會寫「我」（日文漢字「私」），但是昨天和你說到的時候，好幾個地方用了「爸爸」。不過，實際上你不太會說「爸爸」這個字吧！因此，讓我想了一想，我決定使用「僕」（日文漢字「僕」，意思為「我」）。用這個字的理由，在這本書最後再說。

那麼，僕寫這本書，應該會受到很多人的批判。因為既不是「日本史」的專家，又只是個「歷史學」研究者，要談日本的歷史教科書錯誤的架構，簡直是妄自尊大。越是有良心的專家，對於僕這種大膽的整理行為就會更慎重，同時也會對這種做法抱持不信任感。

但僕還是硬著頭皮寫這本書，是因為僕強烈認為還是有必要這麼做。例如像司馬遼太郎這樣的歷史小說家，對於他們比歷史學者還擁有更多的讀者、擁有更強的影響力這件事，讓僕有很大的危機感。專門的研究者們一邊在同儕之間嚴厲批判這些小說家的歷史理解與敘述的方式，但是對於一般大眾，能不能提出替代的歷史樣貌，又絕對不是那回事。因此在專業的研究領域與讓一般大眾理解的水準之間，有著難以想像的巨大鴻溝。

當然，因為學問終究是這樣的東西，所以才更需要專家不是嗎？如果是理論物理學或是生命科學等最先進的知識，大家並不需要去理解，更何況我們根本就無法理解。

但是，歷史與這些理科的尖端科學不一樣，我認為歷史原本就應該和我們有切身的關係。我們所生活的社會，是經過幾百年的時間積累而成的結果，關於社會形成的經過，是有必要根據最新的專業研究來好好說明的。身為近代國家，如果構成國家的國民不確實認識歷史的話，這個國家就有開始走向危險方向的憂慮。實際上，日本在數十年前的戰爭就有過這樣的經驗。歷史專家們理解的「歷史的真實」，在學校裡被禁止傳授、也不能傳達給一般人知道。

這本書，是為了要給像你一樣要擔負起未來社會的年輕人，說明當下的研究成果的同時，並以僕自己整理的方式，將關於日本與環繞日本地區的歷史，仔細地向你們解釋。今後將被改寫的事件應該還有很多吧！也有根據不同的人、各自的價值評價所記錄的歷史吧！但是，因為我想以透過時間的潮流展現歷史的整體樣貌來寫這本書。僕是這麼打算的，請繼續讀下去。

3♠ 從哪裡可以看見「日本史」?

如果看世界地圖,被國界線劃分的各國,區塊內都被塗上同一種顏色。日本當然是紅色,這是因為太陽旗顏色的關係嗎?不過在足球比賽裡,日本的顏色卻是藍色,鄰近的韓國才是紅色吧!

關於地圖上的顏色,有一說是,因為紅色是屬於膨脹色,可以讓狹長的日本列島有看上去更大的錯覺;而像鄰國土黃色的中國與綠色的俄羅斯那樣的巨大國家就用了收縮色,這是為了塑造彼遜我勝的深謀遠慮做法,但真的是這樣嗎?

日本從北方領土開始一直到沖繩全部都是紅色,中國則是東起山東半島、台灣,西至西藏、新疆(維吾爾)自治區,全部都是土黃色,實際上雖然彷彿可以感覺到才一跨出國境,景色就驟然不同,但當然不是這麼回事。例如,沖繩與台灣之間相較於沖繩與擇捉島[1]之間的差異更小,應該也比台灣與西藏的差異來得小吧!

1 **擇捉島**:位於北海道東部,是千島列島中最大的火山島。

如果想要正確地表現出國家的顏色，那麼在國家之中也應該做出不同濃淡的顏色吧！以日本來說，京都用最深的紅色，表現出「這就是日本」，沖繩則是加入一點中國風的黃色般的淡紅色；而台灣曾受到數十年日本殖民地時代的影響，應該要用帶有紅色的黃色。雖然台灣是否為中國的一部分，是個很大的問題，但就暫且不提了。

不只是地理，實際上歷史也是一樣。對曾為琉球國的沖繩而言，在京都所發生的事件，可能還比不上在北京發生的事件來得重要。前面也提到過，「日本史」是以京都、鎌倉、江戶，也就是當時的政治中心所在的觀點來編纂的。「以沖繩來看的日本歷史」，應該和那樣的歷史有著極大的差異。當然，奧州平泉有平泉[2]的歷史，對馬[3]有對馬的歷史，各地應該都有屬於自己獨特的「日本史」。

不過，如果要說為什麼唯獨京都、鎌倉或江戶佔有特權般的地位，除了那裡是強大的政治權力中心所在地，同時，也可以說因為有那樣的政治權力伴隨而來的文化之故。因為福岡、鹿兒島、仙台、秋田等，各自的地位或勢力有所差異，所以才會將京都或鎌倉、江戶視為文化的中心，抱持著仰望的態度吧！

例如京都在十五世紀後半發生應仁之亂[4]後殘破不堪，作為文化舵手的公卿和僧侶們紛紛逃離到地方，其中也有名為大內氏的山口大名，因為與中國（當時的明朝）交易而致富。因為他們的熱情款待，吸引了許多風聞而來的文化人聚集當地。以水墨畫聞名的雪舟[5]，就住在山口。因此出現宛如把京都遷移到山口的樣子。

京都的向心力在應仁之亂後，到了十六世紀變得更加有力，這是因為出身愛知的三位天下人[6]——織田信長、豐臣秀吉、德川家康——都是從京都號令天下。的確，信長在安土、秀吉在伏見桃山都有築城，所以也稱為「安土桃山時代」。家康則在江戶與駿府（靜岡縣）設置大本營，但即便如此，京都仍是政治上的重要場所，為了有效控制京都，三人以各自的方式煞費苦心。

不過可能會有人這麼認為：「什麼嘛！這不是理所當然的嗎？因為在明治之前，天皇都住在京都的關係吧！」的確，一般會這麼解釋。京都因為是首都，所以很重要。此外，既然都還沒有正式的遷都，即便到現在，甚至還有人覺得應該將京都視為日本的首都。天皇御所所在的城市就是首都，那裡當然就是日本的中心城市，這種想法實在是太

2 **平泉**：位於岩手縣西南部，十一世紀末至十二世紀末由奧州藤原氏三代統領該地。

3 **對馬**：古稱對馬國或對州，是日本九州北方狹長的島嶼，靠近朝鮮半島。目前屬於長崎縣。

4 **應仁之亂**：一四六七年（應仁元年）因為足利將軍家的繼承問題，武士集團各自擁兵自重，後來在京都發生了長達十年的大會戰。在應仁之亂後，日本進入了百年的群雄割據，史稱「戰國時代」。

5 **雪舟**（一四二〇—一五〇六）：室町時代的畫僧，原在京都相國寺修行。曾赴中國學習水墨畫，後來遷移至山口，開設雲谷庵。

6 **天下人**：意指取得天下、掌握天下政權的人。

顯而易見，所以通常不會成為討論的主題。

不過，請想想看，如果是這樣，為什麼我們要使用「鎌倉時代」或是「江戶時代」這些說法？這不就意味著幕府置於哪個城市，那個城市就是政治的中心嗎？但是鎌倉時代也好、江戶時代也罷，還有幕府在京都室町通時所稱的室町時代，文化的中心都在京都。這難道是因為天皇在那裡的關係嗎？天皇的存在對日本的歷史來說，具有什麼樣的意義呢？

要馬上回答這個問題所牽扯的實在是太過龐大了，讓我們先回到之前的課題。總之，在此先設定「為什麼京都至今仍舊是體現日本傳統文化的城市？」這個意識性的問題。另外，這也是過去多數的畢業旅行都會選擇到京都的原因。

4♠ 阿氐流為是「叛亂分子」？

今天出差搭乘新幹線，到了岩手線的奧州市。從上野出發不到三個小時，水澤江刺的車站前面依舊可見些許未融的殘雪。你知道進入明治時代後出現的一句話：「白河以北一山百文」嗎？這說法是象徵東北地方的土地價值，是西日本的人所給予的嚴苛評價。從東北新幹線的車窗看出的風景，的確在白河以北就驟然改變，然後到了仙台又再度改變。一到奧州市這裡，就湧現了所謂北國的實際感受。

距今約千年之前，這個地方是由名為阿氐流為[1]的君主所統治，他拒絕服從京都政府所代表的「日本國」。如果任由律令體制[2]以外的政治機構也自稱為「國」的話，那裡必定就會開始進行自主獨立的建國。

1 **阿氐流為**（Aterui，？—八〇二）：日文漢字「阿弖流為」（弖為中文古字，有互與氐兩種發音，依照日文發音應為氐），平安時代初期蝦夷的軍事指導者。

2 **律令體制**：基於律、令等成文法，統一國家的統治體制。日本在奈良時代學習隋唐法令，建立日本天皇制的中央集權國家。

因此，沒多久京都就派出了強大的軍隊。阿氐流為敗戰投降並被殺了。他的罪狀是「反抗天皇」。

如果去查查看你最近所用的歷史參考書，會發現這個事件被寫成「阿氐流為的叛亂」。天皇的政府從八世紀以後，在多賀城、也就是現在的仙台市略為北邊的地方設置城郭作為據點，開始控制東北地方。同時把抵抗的勢力，不論是當時或現在，都以「叛亂」這個字來定義。不過，歷史的真相並不是這麼單純的兩個字。

根據《廣辭苑第六版》（二〇〇八年一月發行）的解釋，「叛亂」這個字的意思是：「反抗來自控制體制或上層的領導而產生亂事之意。」所以意思應該是說，無關對治理那塊土地擁有正統性的政府存在與否，而是針對該領導抱持惡意的部分人士所發起的動亂吧！從近代來看所謂的軍事政變，五一五事件（發生於一九三二年五月十五日，因軍隊與右翼團體造成的恐怖行動政變[3]）、二二六事件（發生於一九三六年二月二十六日的陸軍部隊叛亂事件[4]）才可說是「叛亂」。因為他們反抗領導。

但是，阿氐流為有發動「叛亂」嗎？反抗來自天皇的「控制體制」這點，或許可視為叛亂，但是問題在於，他們是否原本就接受來自天皇的統治？

一九一九年，日本統治的朝鮮半島為了脫離日本獨立，發生了「叛亂」，參加者超過兩百萬人，日本政府雖然總算鎮壓了下來，但是朝鮮人死亡人數超過數千人。根據發表獨立宣言的日期，這個事件被稱為「三一萬歲事件」，不過現在的教科書中，卻不稱這個事件是「叛亂」。朝鮮（韓國）人想要獨立這件事，是他們的權利，而壓迫他們的是當時日本政府，嚴格來說，朝鮮總督府的統治方式是很有爭議的吧！

三一事件在**當時**，明顯就是屬於「叛亂」，但這是從日本人的觀點來看的吧？然而這個事件的評價到**現在**則變了。回到前述，以阿氐流為來說，當時也好，**現在**也罷，都不應該被視為「叛亂」。

當然，現在的奧州市民並不會想要以脫離日本獨立為目標而發起運動，這代表他們與韓國人看三一萬歲事件的觀點是不一樣的。但是，沒想到的是，千年前在此地發生的事件，現在仍用京城首都的觀點視為「叛亂」，你不覺得這就是前面所說「日本史」的問題點嗎？

假使有人將朝鮮半島為日本的殖民地此觀點視為理所當然——其實六十年前左右，幾乎所有的日本人都這麼認為——則若朝鮮的人民反抗了日本政府的控制，那就是「叛

3 **五一五事件**：事件肇因於對農村的貧窮及政治腐敗感到不滿的海軍青年將校，結合民間的右翼團體攻擊首相官邸和日本銀行，並殺害了首相犬養毅。

4 **二二六事件**：受到日本陸軍皇道派影響的青年將校率領一千四百多名士兵攻擊首相官邸、警察廳等處，並殺害多名官員，佔領永田町一帶（日本政府單位所在地），日本政府隔天發佈戒嚴令，後來由天皇下令鎮壓。

亂」。而阿氐流為所表現出來的「叛亂」行為，應該是基於這一帶的土地屬於日本國這種理所當然的想法；而且，現在住在這裡的人們幾乎所有人都認為自己在日本國政府的統治下是理所當然的事。

然而，照這麼說來，繼續稱千年以前違抗天皇統治的人為叛亂者真的好嗎？

實際上，在當地，阿氐流為很受歡迎，搞不好還被視為是地方的英雄。從車站到這間飯店的途中，發現了寫著阿氐流為名字的店家看板。而且，在當地他並沒有單純被視為是叛亂者，讓我鬆了一口氣。奧州市的國中和高中是怎麼教關於阿氐流為這段歷史的呢？這個疑問湧上心頭。

5♠「美麗之國」平泉與「美好之國」鎌倉

今天有一場名為平泉文化交流的活動。早上起來之後，看到一片的雪景，心裡很擔心會不會有人來參加，結果可容納五百人的會場幾乎都坐滿了。對生活在雪國的人而言，這種程度的降雪根本不會有什麼妨礙吧！

在奧州市鄰近的平泉町有平泉的遺跡。這裡以中尊寺金色堂聞名，以平泉町為中心，也包括了奧州市、一關市的遺跡在內的這一帶，在二〇〇八年夏天以「平泉─以淨土思想為基礎的文化景觀」，申請登錄世界文化遺產（追記：很遺憾的是二〇〇八年的申請延期了）[1]。這場交流活動的主旨是為了協助這項申請活動的推動，並加深當地的人對歷史與文化的理解。

平泉因藤原氏一族以此為根據地而繁盛。在日本史的教科書裡出現的人名，佔最大

1　二〇一一年六月在巴黎舉辦的第三十五屆世界遺產委員會決定將平泉登錄於世界文化遺產名單中。

多數的就是藤原氏了。不過從京都的攝關家[2]來看平泉的藤原氏（奧州藤原氏），根本不過是分家的分家再分出去的分家，屬於身分低下的血統。他們移居至此後，在這裡與宛如繼承阿氏流為血統的當地人混血通婚，變成與京都風雅文弱的公家完全不同的一族。歷經清衡、基衡、秀衡一家三代，統治廣闊的東北地方。但對京都的朝廷來說，他們卻是眼中釘，因此到了第四代泰衡的時候，源賴朝率領鎌倉幕府的軍隊，滅了藤原氏。

那是一一八九年，在賴朝擔任征夷大將軍、高唱「鎌倉幕府打造美好之國」的三年前。賴朝以佔領軍身分踏上平泉的時候，對該地繁榮的樣貌驚嘆不已。於是他說要模仿這個地方、將鎌倉打造為繁華的城市。所以「美好之國」可說是在以武力蹂躪鄰近和平的平泉王國之後，再以此為模型所打造出來的。

的確，平泉似乎是「美麗之國」。雖然因為戰爭和火災，當時的建築物如金色堂只留下斷垣殘壁，但在十二世紀的時候，這裡可是以淨土世界為理想創造出來的都市。無量光院的阿彌陀堂就是仿造十一世紀建造的宇治平等院鳳凰堂，而且規模比它大一號，如果從建築物的後面窺見沒入金雞山的夕陽，應該會有宛如要迎接從西方極樂淨土到來的阿彌陀如來的感覺吧？實際上，那個建築已不存在，但是二〇〇七年的夏天，從這個地方看見落日時，同行者的讚嘆聲此起彼落，僕也感動得說不出話來。

奧州藤原氏形式上是京都天皇的臣子，擔任鎮守府將軍和陸奧守[3]之職。但其實並不是因為他受封這個官職所以可以治理東北地方，推斷應該是封給他符合他的實力的官職名吧！反過來說，就算他請辭陸奧守之職，他的權力也不會因此而消失。不過擔任來自天皇敕封的這個職位，在政治上包含了控制奧州的正當性的意義。正因為如此，他才接受這個職位的吧！

這件事和源賴朝任征夷大將軍一事也有關係。鎌倉幕府並非是在一一九二年成立的，而是從一一八〇年賴朝進入鎌倉之後，一步一步形成的。為了在制度上承認已經存在的幕府（無正式名稱的不可思議政府），才利用征夷大將軍這個稱號。如果要深入來說，在賴朝的時候，征夷大將軍還沒有這層意思。事情的真相是因為有了賴朝這個前例，才變成讓武家的領導者擔任這個職位。根據專家指出，實際上對賴朝而言，另一個右近衛大將[4]的職位比征夷大將軍還來得重要。此外，即使是賴朝之孫、三代將軍實

2 **攝關**：擔任天皇的代理人或輔佐者之職。京都的攝關家是指藤原北家，北家又分道兼流、長家流、秀鄉流等分支，而奧州藤原則是從秀鄉流分出來的分家。

3 **陸奧守**：管理陸奧國（今東北地方）的官職名。

4 **近衛大將**：日本律令制中的官職，相當於從三位，是常設武官職的最高位。有左右之分，左的權位大於右。而征夷大將軍是屬於令外官（在律令制度外所設置的官職）。

朝，在百人一首上的稱號也是「鎌倉的右大臣[5]」。

在這次的平泉文化活動中，僕的角色是在最後閉幕的時候致詞，介紹今年大學入學考試中心的日本史考題中關於平泉的問題，並談論「從平泉到鎌倉」這個題目。因為在歷史上平泉不僅是鎌倉的先驅，繼平泉之後，鎌倉也以登錄世界文化遺產為目標。

儘管如此，僕認為這兩個歷史上的都市有概念的差異。如果說平泉是「美麗之國」，鎌倉應該就是「美好之國」吧！在鎌倉成熟的宗教，已經不是平安貴族的淨土思想，而是佛教中新興的律宗與禪宗。要說是從哪裡傳來新的思想，答案是中國。南宋的文化成就了武士們的首都——鎌倉的行事風格。然而，比起宋代思想的「美」，鎌倉追求的是「善」。因為這個議題在本書中是非常重要的主題，請好好記住。

5 **右大臣**：正二位官職，相當於右丞相的地位。

6♠ 引發了明治維新的「日本外史」

下雪的天空隨著我一起越過白河之關南下如何？早上起來就會是一片銀白世界了。而且，現在也大雪紛飛下個不停。

距今約一百五十年前、一八六〇年的三月三日，江戶的街道上也下著和現在一樣的雪。那一天，大老井伊直弼從彥根藩邸前往江戶城的途中，在櫻田門外被十幾名刺客襲擊，將他暗殺了。大老就是國家政治的最高負責人，以現在來比喻的話，就是內閣總理大臣吧！他從前一年開始就鎮壓反對派，推動了世間所稱的「安政大獄」[1]，對此產生的怨恨成為兇惡犯行的主因。刺客們幾乎都是水戶的藩士，只有一個其他藩的人混在裡面，那就是薩摩藩士。

二〇〇八年的NHK大河劇是以薩摩為背景的《篤姫》。篤姫亦即天璋院，生於藩

1 **安政大獄**：井伊直弼在未得天皇敕許下，與美、俄等國締結條約，孝明天皇因此向地方藩主發出剷除井伊的密敕。但密敕被井伊發現，為了剷除響應者和對井伊不滿的人，幕府搜捕、鎮壓了一百多人，是為安政大獄。

主的分家[2]，後來不但成為藩主島津齊彬的養女，更以公家[3]的近衛家的養女身分嫁入德川將軍家，然後迎向幕末時代。這齣戲劇似乎是從薩摩出身的女主角的觀點，以她活躍於當時的情節來描述常見的幕末故事。

薩摩藩與長州藩、土佐藩、肥前的佐賀藩並列為有實力的藩，並根據他們的地理位置被稱為西南雄藩。沒錯，與「東北」相對的「西南」。而且，後來這四個藩成為政治中心，成就了明治維新。明治政府因為重用這四個藩出身的人，被稱為薩長土肥的藩閥政府。另一方面，因為東北地方擁護德川幕府的勢力仍很強大，結成奧羽越列藩同盟[4]，與明治政府的軍隊打仗，被當作是「叛亂」者（這件事在《靖國史觀——幕末維新這個深淵》〔筑摩書房，二〇〇七年〕裡有寫到，有興趣的人請找來讀讀看）。

西南雄藩實力的養成是由於培植當地產業、並活化商品經濟的緣故。當時物流當然都是走陸路，但如果要大量運送商品，走水路更加方便。薩長土肥這四藩皆面海，而且還有異於東北得天獨厚的氣候環境，在十九世紀迅速嶄露頭角。後來在培里（Matthew Calbraith Perry）來航[5]後所形成的緊張政治情勢下，終於掌握了主導權。

西南雄藩率領的「官軍」與東北奧羽越列藩同盟的「叛亂軍」為什麼會互為敵人呢？原因就是誰才是天皇的軍隊。擁有明治天皇的薩長方稱會津藩、米澤藩、盛岡藩的人為「天皇政府的反叛者」，這和阿氏流為的情況是一樣的。

不過和阿氏流為的例子不同之處在於，奧羽越列藩並沒有打算特別針對「日本國」劍拔弩張。以他們的立場來看，薩長是假擁立天皇之名，行任意妄為之實，而且他們只是因為敵視自己，自己這方才應該是立足於正道之上的。正因如此，奧羽越列藩一開始處於防守的狀態，到後來即使在軍事上不斷節節敗退，仍舊持續抵抗。這場戰爭是在同一個日本國裡，正道與正道、兩方正義之間的互相衝突。

形成這種狀況的原因之一是江戶時代歷史思想的開展。在大河劇中，篤姬從島津齊彬那裡得到一本讓她感動不已的書——賴山陽的《日本外史》，就是造就這個思想的要點。在戲劇中，設定為篤姬友人的小松帶刀和西鄉隆盛，促使他們擁有推動尊王攘夷運動思想的原因，就是讀了這本書，這在歷史上是事實。而奧羽越列藩那邊的人也是因為讀了這本書，所以想保護天皇和德川將軍，走向與薩長對立的政治路線。這個相關的經

2 **分家**：相對於本家而言，除了繼承的長男之外，次男、三男各自離家成立的家庭即為分家。

3 **公家**：公家原指在朝廷侍奉的文官。到平安後期，在朝廷中有權勢的朝臣也稱為公家。

4 **奧羽越列藩同盟**：一八六八年以東北諸藩為中心，包括陸奧國（今宮崎縣、山形縣、福島縣之部分地區）、出羽國（今山形、秋田縣一帶）、越後國（今新潟縣一帶）成立的反維新政府地方政權，最多達到三十一藩。後來被新政府軍打敗。

5 **培里來航**：亦稱為「黑船事件」。一八五三年，美國東印度艦隊司令官培里率領軍艦，在浦賀叩關，以武力威嚇打開了日本兩百多年的鎖國時代。

過其實很有趣，但因為很複雜，有機會再說。

總而言之，排除了這本《日本外史》，就無法談明治維新。雖然內容開始有點難，曾經盛行一時的唯物史觀，懷疑是否真有此書的存在，根據世界史的基本法則，明治維新注定要發生，並且也發生了。不過歷史本來就具備了強烈的偶然之產物這種性質。例如你之所以會出生，是因為僕與你母親結婚的這個偶然之故，說是歷史的必然性，或許也可以說是一種神的旨意吧？因為在這樣的偶然不斷地重疊積累的編織下，人生才得以如此精彩。在這個意義上，明治維新這場不可思議的革命，為什麼說它不可思議，是因為這本書才使得這場把天皇這個在某個時期喪失權力的「昔日君王」抬出來後的革命能夠成功，所以《日本外史》是非常重要的一本書。

從平泉繁盛的時期開始，到賴山陽活躍的十九世紀，《日本外史》描述的就是屬於武士的時代的故事。大河劇中的篤姬也說過：「現在，我正讀到七百年前的源平合戰。十七年（剛好是自己的歲數）真短、太短了。」就算是一個人的人生故事，也是在各種偶然之下的戲劇。歷史是數不清的事件組成，並環環相扣影響至今。整理事件的經過，確實找出現在的我們正處在什麼樣的位置，學習歷史的意義正在於此。背誦年代或人名並非學習歷史的目的。

下一節，要介紹關於《日本外史》這本書。

7♠ 對外國的事情反而很了解

節氣上雖然已經進入春天，但日陰處的雪還沒融化。對著太陽的地方稱為陽，背著太陽的地方稱為陰。以山來說，南邊因為日曬充足所以是「山陽」；另一側則是「山陰」。日本也用這個說法來表示中國山地的南北。《日本外史》的作者賴山陽[1]因為是廣島出身，所以自己取了這個稱號。

他的父親賴春水[2]和叔叔賴杏坪都是優秀的學者，因此周遭的人都期待他成為父親的後繼者，他自己也像是要回應大家的期待似的，非常努力。不過這後來也造成糾紛。結婚後他陷入精神上的不安定狀態，終究離家出走。這個就是因為父母對孩子寄予過度的期待，如果想要隨心所欲走自己的路，反而才能盡失的典型例子吧！僕衷心希望對你不要有過度的期待。

1 **賴山陽**（一七八一—一八三二）：本名襄，字子成。不只是歷史家，也是思想家、漢詩人。
2 **賴春水**（一七四六—一八一六）：江戶時代中後期儒學家，廣島藩儒士。

結果山陽被斷絕父子關係，家督[3]改由弟弟來繼承。不知是否因為卸下了肩上的擔子，山陽脫離了年輕時期的危機，之後他寫下了《日本外史》和許多漢詩。雖然他形式上受到了斷絕關係的處分，但實際上他的雙親，特別是母親，到最後好像都還是和他有密切往來。

好了，讓我們來了解一下《日本外史》吧！

這裡所談的是川越藩印刷的版本，稱為川越邸學藏版。川越在我們家的沿線上，我們一起去過好多次呢！川越被稱為「小京都」，相當名符其實，是個洋溢著日本傳統都市風情的城下町。你還記得讀幼稚園時的暑假，坐在川越客滿的電影院裡的走道上看《哆啦A夢》嗎？不過那間電影院應該已經不見了吧！前陣子我們一起去的時候，在裝修得很漂亮的車站周邊的相反方向，過去的商店街很多都關門了，變成了「沒落街」（shutter Street）。

川越是從東京連結了JR川越線（直通埼京線）、東武東上線、西武新宿線這三條鐵路線的交會點，這就表示過去這裡曾是交通、物流的要衝。源義經真正的妻子，就是擁有川越（當時的河越）這裡的武士之女。至於比較有名的靜御前則是源義經的妾。在室町時代，這個地方經常發生對戰，光是這樣，就可以知道這裡是多麼重要的地方了吧！在江戶時代，與有權有勢的天海大僧正[4]頗有淵源的喜多院也在這裡，也是成為老中名門的譜代大名[5]所治理的領地。[6]因為這些原因，川越不僅文化昌盛、藩也致力於學問，出版了很多書籍。這就是《日本外史》在此地出版的原因。

在這本書的一開始，收錄了川越藩儒（藩的儒者）保岡孚於一八四四年在江戶的藩邸中寫下的序文。讓我們先從這裡開始讀起吧！

謹按：藝國賴襄所著日本外史二十二卷，其所紀，起於源氏之創業，以訖極盛至治之今代矣。

3 **家督**：即嫡長子。

4 **天海大僧正**：喜多院第二十七代住持，因為天海大僧正的建言，使得喜多院成為關東天台宗的本山，並請天海任住持，後來關東的天台宗寺院幾乎都是屬於喜多院、天海所有。天海曾擔任家康的參謀，並作為家康與朝廷溝通的角色，對江戶幕府初期的朝廷政治與宗教政策有很深的影響。

5 **譜代大名**：譜代意指世襲，大名是對領國有控制權的領主之稱。譜代大名則是指德川家康將政權移轉到關東地方時，授與主要世襲的武將城池與大名封號。另外，一六〇〇年關原之戰前即追隨德川家康的大名為「譜代大名」，關原之戰後才跟隨德川家的為「外樣大名」。

6 川越是鎮守江戶的重要位置，所以此藩歷代皆封給擔任幕政主要管理者的老中，依序是酒井家、堀田家、松平（長沢、大河內）家、柳澤家、秋元家、松平（越前）家、松平（松井）家。

這段的意思是，賴襄的《日本外史》二十二卷始於源氏，寫至當今的時代。襄是山陽的本名。

以下，是保岡孚談論這本書的由來：這本書在詳細的史實上不僅無誤，更是以剛剛好的分量來記述，記事與評論也很適當，在闡明了世間的變遷和人心的興衰上也予以稱許，所以我們的主公才令我保岡孚在校訂之後出版這本書。然後接下來有一段引文：

大抵近日學人文士之弊，晰漢土之跡，而蒙蔽我國之事。彼之歷史涉獵是務，而東鑒、太平記束之高閣……至武人俗吏……甚則至信稗官抵掌之談，以為論斷。其為弊雖異，其誤人害事，豈淺鮮乎。

保岡孚說這段話的意思是，近來學者們對「漢土」的事情知之甚詳，反而漸漸對日本的事物不表關心，連基本的古典作品《吾妻鏡》（鎌倉幕府編纂的年代記，也稱為《東鑑》）或《太平記》（描述南北朝動亂、被認為是「小島法師」之作的戰爭故事）也不看了。反而相信小說、談論這類的東西就是事實，並以此為自己的歷史知識糧食，對這些事情毫不懷疑的人所在多有。他並感嘆這不是很糟糕嗎？

你不覺得他說的和現在很相似嗎？

所謂的「漢土」，如字面的意思，就是指現在的中國。在江戶時代，中國的歷史書是必讀書籍。總稱為「左國史漢」的四本書，就是《春秋左氏傳》、《國語》、《史記》、《漢書》，另外還有《十八史略》，大概都是像樣一點的武士之家、或是有錢的平民百姓、町人家裡會有的藏書。如果是對學問更積極的人士，他們會讀更詳細的史書，例如《三國志》、《資治通鑑》等，非常通曉中國的歷史。不過，當談到日本的歷史時，卻完全不讀關於鎌倉時代或室町時代、一些很基本的書。所以這就是本末倒置吧！

當時的中國，以現代來看的話，其實就相當於美國了。這麼比喻的話，就很容易理解了吧！大家都對美國南北戰爭知之甚詳，甚至包括林肯有名的演說：「民有、民治、民享」（government of the people, by the people, for the people）[7]等，大家也都很清楚，但是在同一個時期，對日本國內發生的內戰「戊辰戰爭」一知半解的，大有人在吧？實際上，僕對某知名政治家也是如此，感到非常驚訝。

不，其實不必限定在歷史而已，在你身邊應該也很多非常熟悉流行音樂、搖滾樂、鄉村音樂、古典音樂，但卻對日本民謠、歌舞伎漠不關心的人吧？

在序的後半，保岡孚對此有更深刻的批評。有很多同道中人不是把學問當成職業，

7「**民有、民治、民享**」：此名言出自一八六三年，林肯發表的蓋茨堡演說中。

反而變成一般讀者，引據的內容不是根據《吾妻鏡》、《太平記》，而是把根據這些書所寫的小說內容當成了歷史來討論。現在更是完全如此，例如拿像司馬遼太郎那樣的小說家描寫的戰國時代或幕末維新的小說，當做「這個國家的樣子」來討論的人，老實說，實在非常多。這並不是說他的小說不行的意思，而是小說是已經接受歷史上的事實，並批判那種解讀方式的作品。

如果是一般讀者愛讀小說就算了，被稱為政治家或是知識分子也這樣的話，實在不是什麼好事。保岡孚的感嘆也是僕的感嘆。

不過，就在這裡說一些正經的內容吧！

感嘆「崇拜中國的日本是被瞧不起的」的保岡孚，這篇文章是用什麼文來寫的呢？另外，原本賴山陽的《日本外史》是用什麼文寫成的呢？

雖然僕前面的引用全部都是「漢文訓讀文」，但原本都只有漢字，而且是用與和日本語不一樣的順序排列的。沒錯，是用漢文寫的。不過，漢文就是中文吧！

如果用現代的例子來比喻，例如「最近的年輕人只會崇拜美國」這段文字，用英文來寫出好像生氣的寫法。如果是大柴亨[8]來說，他會講成這樣吧？

「不哪，recently的young們只在乎America的talent，對Japan的history和tradition的interest幾乎沒有哪！真的是比lighthouse的under還dark啊！」

問題不僅止於此，還有一個如保岡孚所說的「小說成為事實的弊端」這點，整體而論，僕是站在贊成的角度並認為他說得沒錯。不過，《日本外史》本身又如何呢？實際上，賴山陽並沒有拘泥在區分歷史和小說之間，甚至為了讓場面更精彩，筆隨心意地寫出了自己的創作。不過，用《日本外史》當做教科書來學日本史的人，認為是事實而深信不疑，也不去讀《吾妻鏡》、《太平記》（就算看了這兩本書也只是把它當「故事」而已），就形成了歷史認知。其實，說真的，現在還是存在這種人。

8 **大柴亨**：日本混血搞笑藝人，說話會混雜英日語。

8♠ 遣隋史是對等外交嗎？

你知道聖德太子吧？在僕的年代，因為他是一萬元和五千元紙鈔上的畫像，所以也是鈔票的代名詞。朋友們一起聚餐的時候，常會說「今天很不湊巧沒帶聖德太子，不好意思要讓你請了」。儘管一萬元鈔票的肖像現在換成了福澤諭吉，因為信用卡的普及，就算沒把「福澤先生」帶出門，也不會變得很不方便。只是之後收到信用卡公司的帳單會很可怕就是了……。

印在紙鈔上的聖德太子肖像畫，並不是他生前被畫下來的圖，而是後來的人根據想像畫出來的。像這樣的畫，在真正的含意上，能否被稱為「肖像」，僕對此存疑。關於古代的人物，歷史書上常見的肖像圖片很多一樣是後來畫的。例如孔子的臉，基督的臉，都是後人自己畫出來的。

不只是繪畫如此，那些人被流傳的事蹟，大致上也都是被附加上去的。聖德太子的事蹟也是如此，不過似乎成了最近的研究方向。可以說，關於聖德太子這個人流傳下來的故事很多都是來自後世的創作，實際上和廄戶王這個人物沒有關係。教科書等書上所寫的，聖德太子是訂立日本國制的最大功臣的這個劇本，本身就可以說是「故事」。

這個故事之一，就是遣隋使這件事。有份知名的書簡「日出之國的天子，致日沒之國的天子，別來無恙」，對象是中國這個統一國家的隋朝皇帝。因為這個事實記載在中國那邊的史書《隋書》中，恐怕是相當接近事實吧！但是，問題在於要如何評論這段歷史。在日本這邊所寫的《日本書紀》中，多少更換了字面上的意思來說明這封信，並認為這是「隋與日本是對等的證據」。到了江戶時代，這個看法依舊存在，賴山陽竟也接受並致力推廣這個歷史認知。這是批評對「漢土」過度崇拜的想法（不過如同前一節所述，這終究還是用了「漢文」來表達），不要忘記聖德太子的精神，與外國往來的時候要抱著身為日本人的驕傲。

不過遣隋使這段歷史真的是這樣嗎？

那段歷史時值西曆七世紀初期，在隋朝與大和之間，在經濟上和文化上有著無法想像的落差。依照現在的「主權國家」理論，不管經濟、文化上如何貧乏，國與國之間以平等對待為方針。不過這只是理論上，方針不過就是方針，「美利堅合眾國」與人口規模僅數十萬的小國，說他們彼此一致、地位相同，事實上任誰也不會這麼想。隋朝和大和的關係也正是如此。況且，當時根本不存在「主權國家」這種想法。

像《日本書紀》關於遣隋使是對等外交的描述，其實是一種虛張聲勢，寫這段歷史的人應該也不相信隋朝和自己國家是一樣地位的吧！不過隨著進入江戶時代，虛張聲勢不再是虛張聲勢，聖德太子成了偉人，然後，本書後面也會寫到足利義滿被當做是壞人的歷史認知，也有增加的趨勢。

認同這種演變並決定了這個方向的就是賴山陽。他在《日本外史》之後還寫了一本《日本政記》。但這本書之所以沒有《日本外史》那樣受歡迎，是因為這本書更專業，依現在的說法應該就是學術書了吧！如同川越的儒者保岡孚的主張，可以說比起小說的《日本外史》，僕還比較喜歡實錄的《日本政記》。

回到前面保岡孚為《日本外史》寫了序文的這個話題。

他說，不管是「文人學者」或「武人俗吏」都應該要讀這本書。因此，這次我們川越藩決定要印刷、出版這本書。

接下去看，這本《日本外史》之所以用源氏的興起為起點，現在的解釋是因為那是能與中國秦始皇的統一相提並論的歷史上的轉捩點——比較的對象依舊是中國。用現在的話來說，結果就會變成這個說法了吧：「日本的戊辰戰爭[1]是一場可與美國的南北戰爭相提並論、近代史上重要的內戰。」不過如果是日本人來寫，幾乎都會寫成：「美國的南北戰爭是與日本的戊辰戰爭相提並論的歷史上的轉捩點。」

在這裡，保岡孚論述了歷史的時代劃分。源氏興盛之後，也就是自此進入了武士的時代，直到現在都還維持同樣的架構，所以山陽才從這個地方開始寫《日本外史》。此外，在他的時代，根據「漢土」建構的王朝體制，可說和秦朝開始的時候一樣。山陽對此的著眼點，從下面這段更能看出中國史書對他的巨大影響力。司馬光的《資治通鑑》以周的威烈王開始；司馬遷的《史記·世家篇》是從吳的泰伯開始，〈列傳篇〉則是由伯夷開始。山陽和這兩位司馬氏一樣，都擁有傑出的「看歷史的眼光」，所以《日本外史》是從源氏開始的寫的。

到這裡，他的序文結束。

1 **戊辰戰爭：**指的是明治新政府為平定江戶幕府勢力，從一八六八年鳥羽伏見之戰，到一八六九年函館（當時稱箱館）之戰這段期間的戰爭。以年份的干支來稱呼。

9♠ 身為「新興貴族」的平氏

這裡也要繼續談《日本外史》。

在川越藩儒的序文之後，實際上就是接著賴山陽自己的序，不過也可以視為已經進入本文。卷一是〈源氏前記・平氏〉。

《日本外史》即在描述武家政權的時代。因此，整本書由源氏、新田氏、足利氏、德川氏四個部分所組成。一開始的源氏是鎌倉幕府的歷史，足利氏是室町幕府，德川氏則是江戶幕府的歷史，了解吧？這本書的特色就是在中間加入了新田氏。這個架構反應出相對於南北朝時代的賴山陽之歷史觀。

同時，他在這些章節各自做了前記與後記的區分。在時代劇中很受歡迎的戰國武將們是歸在足利氏後記、織田信長和豐臣秀吉則是在德川氏前記裡。然後，整本書的開始是〈源氏前記〉，寫到鎌倉幕府創立之前掌握勢力的武家「平氏」。

不過，想先說的一件事是，平家被視為是武家這點，是到了後世才被創造出來的歷史樣貌。儘管現在的教科書也是這樣寫的，但是平氏的人自己是否也認為自己屬於武家，僕對此有些疑問。雖然這個時代歷史原本就是用「源氏與平氏（或寫平家）」對立的關係圖來做為談論的架構，但是現在我們看歷史的眼光並不會因此而被蒙蔽。

不過，總之來看看山陽先生所描述的故事吧！

起頭的地方用「外史氏曰」，就是山陽自己的評論。這個主題是「日本究竟是何時進入了武士的時代」。根據他的說法，很久以前，天皇和皇族會親自指揮戰爭，並沒有把兵權交給臣下這種事。那是模仿唐朝的律令，將文官與武官分開，以將軍為首的軍隊組織變成常態性的——山陽將導入律令制度的時代稱為「中世」，要注意，這裡和現在的時代劃分不同。這麼一來，產生了仰賴熟習軍事之人的風潮，才讓軍事專家的源氏和平氏變得擁有勢力。

關於這個歷史的演變，山陽說：「未曾不嘆王家之自失其權。」也就是說，要具備的歷史認知是，在不可避免的時勢推移之下，天皇喪失了兵權，這絕不是他所期望的結果。

是這樣的，山陽的理想是天皇親自身披軍服、以大元帥的身分率領國軍的姿態，而實現這個理想的就是明治維新。不過就事實來看，那是否為天皇原本的樣貌，這點根據如何看待所謂的「原本」的歷史觀，而有各種不同看法。對於「因為本來就是這樣」這個說法，希望你能成為確實看穿外表冠冕堂皇的主張背後所藏之虛偽的大人。

接下來，開始記述歷史的本文，請仔細讀讀看。

平氏出自桓武天皇。天皇夫人多治比莫宗，生四子。長曰葛原親王。自幼有才名。及長謙謹。好讀書史。觀古今成敗並以為自鑒。敘四品，任式部卿。子高見、孫高望。高望賜姓平氏。拜上總介。子孫世為武臣。其旗用赤。

這裡談到的是平氏的祖先（roots）。高望王是桓武天皇的曾孫，脫離皇族成為臣下，以臣下的印記做為姓氏，由當時的宇多天皇賜姓「平」（皇族現在也沒有姓氏）。不過，從這段開頭來看，就已經隱含了虛偽。用虛偽這個字太嚴重的話，就改用隱蔽、隱瞞好了。因為這裡並不是「平氏」全部的祖先。除了葛原親王以外，從桓武天皇三個皇子的家系開始，由他們的子孫產生了平氏一族。另外在高見王的族譜中，則是由他的兒子高棟王這個人成為平氏的祖先。

但是為什麼山陽只說明高望王的族譜呢？那是因為高望之孫平將門是自這一系誕生的。在上述內容之後不久，主角就會變成這個將門了。

說到平將門，他是和藤原純友[1]並列，作為十世紀前半「承平天慶之亂」[2]的主角而聞名。因為他在關東自立、自組政權，自命為「新皇」，任命文武百官打算對抗京都的朝廷，最後被堂兄弟平貞盛的軍隊滅掉了。這場亂事從頭到尾的經過都記載在《將門記》這部史書裡。山陽也是以此書為依據來寫。

特別一提的是，當時的史書都是用漢文寫成的。提到平安時代的史書，可能會馬上想到《榮花物語》[3]或《大鏡》[4]這類和文系統的作品。但是嚴格來說，這些只能算是「歷史故事」，而非史書，寫作者應該也是這麼認為的。不過，《將門記》或是前面提到過記錄奧州對戰的《陸奧話記》，雖然不知道是誰寫的，但以當時武士的學識能力是寫不出這個程度的漢文。恐怕是貴族或是僧侶所寫的吧！至今仍留有由武士自己書寫日記

---

1 **藤原純友**：平安中期的瀨戶內海海盜。原為貴族，大宰府（主管九州一帶外交與海防的政府機關）次官藤原良範之子。後來以伊予日振島（愛媛縣宇和島市）一帶為據點，成為一千多艘船、兩千多人的海盜首領，被官軍追捕，據說最後死於獄中。

2 **承平天慶之亂**：平安時代中期，承平、天慶年間（西元九三六、九三九年）幾乎同時發生在關東的兩場亂事（藤原純友之亂、平將門之亂）的總稱。

3 **《榮花物語》**：平安時代的歷史故事，共四十卷，以編年體的方式寫成。從宇多天皇的治世（即寬平之治，西元八九一—八九七年）開始寫起，描寫平安貴族的生活。

4 **《大鏡》**：平安時代的歷史故事，作者不詳。此書以紀傳體的方式寫成，內容以藤原道長（九六六—一〇二七）的盛世為中心，從文德天皇（八二七—八五八）到後一條天皇（一〇〇八—一〇三六）為止，共十四代、一百七十六年間的故事。《大鏡》為四鏡」之始（四鏡是平安時代後期到室町時代前期完成的四本歷史書，另外包括《今鏡》、《水鏡》、《增鏡》）。

等作品的紀錄，是要到江戶時代之後了。前面提到過的鎌倉幕府的史書《吾妻鏡》也是由公家出身的幕府官僚擔任編纂工作。

將門是「朝敵」，也就是違逆天皇而被當作叛臣討伐，這是根據《將門記》而來的定說。山陽也是根據這個基本方針，描寫將門的傲慢行為和其人生的衰敗。不過歷史真是如此嗎？將門一連串的行為顯現出，身為上總介[5]、從關東地方開始培養勢力的平高望一族，爭繼位者之位的性格相當濃厚。從堂兄弟貞盛最後打倒他們、取而代之建立關東霸權的這個結果也可見一斑。關東地方對京都的貴族們來說，是遙遠的未開化之地，那裡發生什麼事，對他們的生活都不會有直接的影響。他們心裡所想的應該是只要確實每年帶著年貢和進貢品來進貢，由誰來掌權都無所謂吧！不過也因為這樣，身為皇室的分支卻被認為是麻煩人物的高望王就落腳於此。

將門之所以成為被討伐的對象，是因為他想自立，並且不再繳交年貢。在這場襲名[6]爭戰中，因為他的對手貞盛向京都的大人物保證「我一定會按時上繳年貢」，所以才被任命為討伐將門的大將。相對於將門率領的「想要消滅京都天皇的反叛軍」，貞盛率領的卻不是「為了守護天皇、做為正義一方的官軍」。不管哪一邊的士兵都是當地土生土長的人，因緣際會之下就有可能立場互換。

不過山陽先生並沒有這麼說就是了。所以將門率領的「想要消滅京都天皇的反叛軍」還是對上貞盛率領的「為了守護天皇、做為正義一方的官軍」。至少，他把將門描寫成對天皇而言，是想要改朝換代的傲慢之徒；相對地，把貞盛寫成是對天皇盡忠的將軍。貞盛討伐將門有功，受封鎮守府將軍，成為陸奧守，這代表朝廷認可了他對東北地方的控制權，從此以後，關東和東北地方就是貞盛的領地，他在這裡築起了自己的勢力範圍。

山陽在這之後，簡單地介紹了貞盛的後代族譜至其五代子孫忠盛。從這裡開始，山陽的典據就換成了《平家物語》。[7]在國語課教的《平家物語》主人翁平清盛，是這個忠盛的兒子。不過山陽根據自古以來的傳統，對於清盛的出身採用的是「白河法皇落胤說」。

這裡並不打算詳細說明關於清盛掌握權力的來龍去脈，以及在他死後平氏一門急速沒落的過程。山陽的文章裡也幾乎只是用漢文改寫《平家物語》而已。相反地，在這裡倒是想探討從平氏開始到由源氏繼承的所謂武家政權，這個體系本身的問題。

---

5 **上總介**：管理上總國（東海道）的官職。
6 **襲名**：襲用先人的名諱作為自己的新名號。
7 **《平家物語》**：完成於十三世紀鎌倉時代的軍紀故事。敘述以平清盛為首的平氏家族故事，以及平安晚期兩大武士集團「源氏」、「平氏」的興衰史。作者不詳。

將門之亂與忠盛、清盛父子在朝廷的出人頭地之間，有什麼樣的關聯呢？的確，忠盛是討伐將門有功的貞盛後代，但他們的地盤仍不得不移到西日本。這麼說的理由是因為貞盛的領地是承接成為平氏之婿的源義家而來的。另一方面，平忠盛與關東幾乎沒有任何關連，他的地盤在伊勢，因此被稱為「伊勢平氏」。

這樣的忠盛後來掌握勢力的關鍵是來自征伐瀨戶內海的海盜。換言之，這就像因為成了黑社會世界裡的老大，以自己的財力和軍事力做後盾，而把手伸入朝廷中。不過一旦成了貴族，之後便會拚命想要表現出貴族的樣子。山陽也收錄了《平家物語》裡寫到家世來歷正統的殿上人前輩們，想要欺負他卻失敗的軼事。這段歷史是在他們想要對這個新來的人表現強烈責難之時，忠盛這邊卻因為想要得到認同、成為他們的一份子而展現積極作為的故事。忠盛之子清盛是法皇私生子的傳說，據傳或許也是忠盛在潛意識中對家世抱有自卑感的緣故。

要說這裡提到的家世究竟有何意義，忠盛的後代平氏一門，並非「以身為武家為傲」的團體，而是自詡為「新興貴族」，以模仿攝政家為目標。以《平家物語》為代表的文學作品，把「源平對戰」寫得既可笑又有趣，就是讓這些作品被欣賞並廣為流傳的原因。

特別是到了南北朝戰亂的時期才開始意識到強盛的意義。這個時候，全國的武士們紛紛將自己的祖先與源氏或平氏扯上關係。當然這是虛構的故事，但因為這個緣故，自己家族如何成為家世正統的「武士」，就成了自傲的理由。家族的旗印顏色也隨著如果根源自源氏就是白色、平氏則是紅色來決定。如同上述所引用的，山陽一開始還特別寫下了平氏家旗的顏色吧！雖然這是山陽那個時代的常識，但因為加上了這個沒必要出現的常識，讀者因此會因為自己家的小旗[8]和他的旗子顏色一樣而覺得感動，但事實上，高望王並沒那個用意。

我們小島家是桓武平氏。在新潟縣本家的族譜中，確實記載了一開始的祖先葛原親王的名字。僕在三十年前，正好是和你一樣國中三年級時的暑假，看到了這個族譜。如何？下次和爺爺一起去看看吧？

和歌山縣立博物館所收藏的川中島對戰圖屏風的中央，在上杉謙信的正後方拿著刀揮舞、名為「鬼小島慶之助」（別名彌太郎）的人，就是我們家的祖先。只是原本如果是平家拿著也不奇怪的紅色小旗，在這個屏風上卻沒有畫出來。

本家的這份族譜，在葛原親王之後，突然就是這個彌太郎。寫下我們越後小島氏族譜的祖先們，究竟是不是誠實、不說謊的人，從這裡的寫法就可以知道了吧？

8 **旗指物**：武士背後甲冑上插的小旗子，在戰場上作為印記之用。

10♠ 尊王思想與德川幕府的關係

今天是二月七日，東亞舊曆則是一月一日，也就是新年。僕今天去橫濱的T小學演講，講題是「在亞洲之中的橫濱」。

說到橫濱，因為它是江戶末期《安政條約》中的開港地，也是進口西洋物品的窗口，給人「文明進步」的印象。僕在小學社會科上課教到「我們的橫濱」時，也是這樣的內容。當時老師教的都是為了運送日本的主要輸出品生絲、絹製品，連結產地長野縣地區與橫濱港之間所鋪設的，就是通過僕現在居住的N町的國鐵（今JR）橫濱線；以及幕末的時候還是個荒涼地帶，沒多久之後就追上了當時的名古屋，成長為日本第三大都市，也是東京的衛星都市；還有發展京濱工業地區而得以近代化、工業化等這些內容。不過，位於多摩丘陵一隅的N町就是大山街道的宿場町，不但用肉眼看不見海，「港口橫濱」也不在實際的生活圈內。

不過橫濱港不是只有對西洋開放，就像已成為那裡象徵的中華街，橫濱也和亞洲其他地方進行貿易，與商人等各種人都有往來。今天到T小學演講這件事，目的在於喚起了大家對這點的注意，讓擔負著日本未來的孩子們，能夠認識橫濱與亞洲在歷史上的連結。

因為和平常演講對象都是大學生不一樣，究竟會有什麼樣的反應，令人非常不安，但沒想到舉手發問的人超乎想像，結果還超過了預定結束的時間。

啊！得意的話題就到此為止，讓我們進入今天的主題吧！今天想把這個話題和到目前為止所提到的賴山陽的《日本外史》連起來看看。

山陽生於西元一七八〇年，也就是進入鎖國時代後又過了一個半世紀。在那個從外國來到日本的人數微乎其微，而前往外國的日本人更是稀少的時代，關於外國的資訊，只能透過書籍文件。另一方面，差不多同一個時期，英國發生了工業革命，同時，俄國崛起成為大國，那些國家的船隻開始出沒在日本的沿岸。江戶幕府因此被迫做出應對那些船隻的政策，在一七九一年，頒布了「若異國船隻前來，拘留船隻與船員，等候幕府的指示」的政府公告。之後，一下子頒布可提供食物與燃料的公告；一下子又頒布不可進入日本的港口、要將他們趕走的公告，在那個時期，政策一改再改。

另一方面，在思想上，發起了尊重天皇為日本君王的尊王運動。成為這個活動核心的是黃門樣光國[1]所治理的水戶藩，山陽也在此時繼續編纂《大日本史》。山陽似乎是因為前面介紹過的山陽父親賴春水讓他認識了編纂者們，所以讀了這本書。

《日本外史》是受到這本《大日本史》，以及新井白石[2]的《讀史余論》的刺激而寫下的。這三本書的共通點是主張「雖然現在的天下是由江戶的德川將軍家治理，但在京都的天皇才是日本原本的君主」這個主義，亦即尊王思想。

把結論當作前提來說，日本的尊王思想比鄰近的中國和韓國所具有的意識還要更勝一籌，這是因為日本自古以來天皇家就延續不斷。因此，為了符合「天皇永遠是日本的君王」這個公式，鎌倉幕府以後的武家政治表現出與日本原本國家形式不同的樣貌。

當然，不管是《讀史余論》、《大日本史》或《日本外史》，甚至是當時所寫下的其他歷史書籍，都稱頌德川家康創立江戶幕府的功績，對他們而言，都是站在「現在」的政治體制才是正確的立場上。從這層意義來看，武家政治既不是反體制，也不是什麼危險思想。但是，根據這些書的內容，江戶幕府統治日本的根據，並非家康本身贏了關原之戰，而是基於他尊重天皇，作為天皇的代理人、為日本國內帶來和平這點上。可以說，江戶的將軍是代替京都的天皇來治理天下的。

應該也是因為受到這種思想潮流的影響，在賴山陽年輕時期活躍於政壇的幕府老中松平定信，也是主張由朝廷交給幕府的大政委任論。你聽過「大政」這個詞吧？就是「大政奉還」的那個大政。最後的將軍德川慶喜在一八六七年提出「歸還先祖家康受託的大政」，把政權還給了明治天皇。山陽的《日本外史》就是在這樣的時代下寫成，然後影響了後世。

1 **黃門樣光國**：指德川光圀（一六二八—一七〇一），「圀」為「國」之異體字。為德川家康之孫賴房的三男，因為擔任中納言（別稱黃門）之職，所以世稱水戶黃門，後來黃門便成為光圀的通稱。他獎勵儒學，並開始編纂《大日本史》。

2 **新井白石**（一六五七—一七二五）：江戶中期的學者、詩人、政治家，曾輔佐甲府侯德川綱豐（後來的將軍家宣），以將軍政治顧問的身分主導當時內政外交的重大改革，並持續到七代將軍家繼時的各項作為。著有《藩翰譜》、《讀史餘論》、《蝦夷志》、《西洋紀聞》等。

J♠ 攘夷運動的走向

賴山陽因為尊王思想的關係，認為日本比中國、韓國優越。因為對於同樣膚色、使用同樣文字的鄰居，是抱著那樣的態度，更別說對那些看都沒看過的長相、膚色和使用不同文字的人，更是猶有甚之。對於英國或俄國等各國的船隻前來，為了保護鎖國體制，許多基於想要維護日本文化的純粹性的運動開始萌芽。

雖然山陽本身還沒有主張走到那一步，但以《日本外史》為出發點，閱讀山陽的文章與漢詩的讀者們，卻開始了不要異國靠近日本的運動——攘夷運動。

一八五八年的《安政條約》，是根據江戶幕府的政策決定而締結的。當時的大老是井伊直弼。實際上，在他之前以老中[1]身分掌管幕府的堀田正睦，為了在變更鎖國這項國家根本方針的條約中擁有權威，還乞求天皇的允許。這是因為大政委任論的關係吧！幕府變得無法單獨決定政策的變更。在鎖國的時期，三代將軍德川家光應該是沒跟天皇商量任何事。

堀田正睦親自到京都，試著說服天皇和公家，但卻失敗了。因為京都的朝廷官員都是傳統的攘夷主義者，因此不可能同意放棄鎖國。井伊直弼就任大老之後，僅根據幕府單方面的判斷就決意締結條約，這才是幕府創設以來一般的做法。

另外，也有以大政委任論為藉口，用「違背天皇的意思，擅自變更政策實在太不像話」的理由來責難井伊直弼的聲音。中心人物就是水戶的德川齊昭。他因為將軍繼任者的問題，以前就和井伊直弼對立。這個問題的背後，有著親藩（以御三家[2]為首的德川將軍家族之一）與譜代（像井伊家和堀田家一樣，從關原之前就侍奉家康的宛如己出的大名們）結構上的對立關係，加上如西南雄藩[3]那樣有力的外樣大名也來參一腳，形成了複雜的關係結構。

井伊直弼為了打壓反對勢力，採取了壓制政策，造成了「安政大獄」事件。德川齊昭受到了軟禁在家反省的處分。這件事種下了禍根，後來由十七名水戶藩士和一名薩摩藩士策劃、執行了櫻田門外之變。名義上，他們為了不給藩帶來麻煩，事先都退藩了。

前面也曾寫到，這個事件如果用現代的例子來比喻，就像是襲擊從私人住家出發、

1 **老中**：江戶幕府的官職名，直屬於將軍，統領全國政務。大老未設置時，老中即為幕府的最高官職。

2 **御三家**：指尾張藩、紀州藩、水戶藩，德川家康生前明定若本宗將軍家沒有子嗣繼承時，則這三家都列為德川幕府的將軍繼承人選。

3 **西南雄藩**：薩摩藩、長州藩、土佐藩、肥前藩這四個藩的總稱。

每天到官邸上班的內閣總理大臣的專車，然後還殺了他一樣。而且犯人還是身分不高的武士們。在過去的日本史上，雖也有過好幾次大臣或將軍被暗殺的事件，但那些都是由身分高的人物下達命令而執行的，像櫻田門外之變的例子是空前的（很可惜的是，在日本史上還不算「絕後」。因為在昭和時期發生了五一五事件和二二六事件）。

之後，尊王思想更加聲勢大漲，在當時孝明天皇的旨意下，與攘夷運動合體，成為尊王攘夷思想。大政奉還之後，西南雄藩先令舊幕府在軍事上投降，更以武力壓制奧羽越列藩同盟，表面上就是為了實現「尊王攘夷」。因此，明治時代的日本確實成為了由天皇治理的國家。「大日本帝國由萬世一系的天皇統治之」（大日本帝國憲法第一條），所以再也不會出現像武家政權一樣的體系了。明治憲法的條文如此宣示著，尊王思想至此完全實現了。

不過，另一方面攘夷思想又將如何呢？明治時代切斷了與外國的往來嗎？進入明治的治世不久後，某人去拜訪了過去的老友、現在成為政府大人物的前薩摩藩士：「那麼，攘夷究竟怎麼樣了？」

沒錯，攘夷被遺忘在某處了。薩摩也好、長州也好，在幕末雖然以攘夷為目標和英國發生過小小的戰爭，但一下子就輸了。尊王攘夷運動的指導者們，才終於領悟到攘夷是不可能的。但是他們還沒有對這件事向大家做出充分的解釋，就突然跑去討幕了。當初他們曾經對沒有得到天皇允許就締結條約的井伊直弼暗中討伐，現在卻承繼了他的政策。不過，井伊直弼的名譽並沒有因此而恢復。因為在安政大獄中，他們的夥伴很多都遭受處刑的關係，所以井伊直弼還是敵人。如此一來，櫻田門外之變就是明治維新的先驅，應該要被視為值得紀念的事件流傳下去。

此外，在可遠眺橫濱市內的港口高台處，立有井伊直弼的銅像。橫濱開港的最大功勞，應該歸於他不等天皇的許可，決意締結條約的決斷吧！

Q♠ 對南北朝的看法

到這裡，讓我們總結一下之前的概要。

這本書僕想要闡述的是「世界中的日本的歷史」。日本這個國家並不是只有靠日本列島走到今天，而是在與外面的交流下，才能孕育出現在的日本。另外，也因為這麼做，才能形成歷史上包含沖繩和北方領土在內的「日本國」。

過去的「日本史」，無論如何都是以政權所在地，也就是中央的觀點來描寫歷史。因為關於天皇和將軍的記述很多，地方政權不但被輕視，東北地方甚至總是成為「討伐」的對象。江戶時代出現了賴山陽這位稀有的大歷史學家，寫下了武士時代的通史，並且在原本應該由天皇治理的日本這個國家裡，說明了武士的生活方式。這也成為讓人心動搖的原因之一，因尊王攘夷運動出現，最終擊潰了德川幕府。

到了明治時代，「日本是永遠由天皇治理的國家」的見解，也被規定在憲法之中，滲透人心。戰後，雖然這個見解被批評，但至今在歷史上，「日本」是不言自明的存在，例如「繩文時代的日本」等說法，並沒有特別被認為不可思議，甚至在教育場所中仍持續被使用著。

日本這個國家，它的形式並不是一直都和現在一樣的原因，前面已經闡述過了。今天要談的話題也很類似，但是和前面所說過的不一樣的是，連敬奉天皇的朝廷，在某個時期也曾分裂為二。在今天的內容中，東北地方也捲入應該屬於這兩派的哪一派的爭執中。

是的，要談的是南北朝時代的歷史。這個時代從各方面的意義上來看，是個非常有意思的時代。不過今天要談的重點，與其說是「實際的南北朝時代是怎樣的？」，應該說是「後世是如何看待南北朝時代？」

所謂南北朝時代，如同字面上的寫法，是同時有南與北兩個朝廷的時代。位於南邊吉野的朝廷稱為南朝，而從吉野來看，位於北邊京都的朝廷稱為北朝。兩邊都有天皇，建立各自的年號，各自授與公家官位，然後也各自對神明祭祀。

從一三三六年到一三九二年，這樣的狀態維持了半個世紀。最後是以壓倒性的勢力差異，由南朝的後龜山天皇前往京都，把三種神器[1]交給北朝的後小松天皇，自己辭去

1 **三種神器**：指八咫鏡、天叢雲劍（又名草薙劍）、八尺瓊勾玉。在日本創世神話故事中，天照大神將此三種神器授予其孫瓊瓊杵尊，之後在歷任天皇手中代代相傳。

天皇的方式結束南朝。也可以說是北朝吸收、合併了南朝。在此之後，南朝雖有一小部分的人持續抵抗，但一般認為那年是在收拾分裂的局面。

那麼，問題是，之後時代的人是如何處理這個分裂時代？

結局是北朝獲得實質上的勝利，而且實際上，後來的歷代天皇也全部都是北朝系的人，在這個意義下，顯示了北朝是主流，南朝則是反主流，在那個時代離開家的人在這種情況下應該都會被抓吧！統一之後的認知好像就是那樣，而且原本京都基本上就是一直統治著北朝，這裡留下的文獻資料也幾乎都是北朝那邊的人所寫的，南朝的歷史幾乎沒有被留下來。

南北朝時代相當於室町時代的初期。因為室町幕府是北朝那邊所成立的幕府，作為幕府正式的歷史認知，以自己這邊的北朝為中心來思考，必定是理所當然的。這個趨勢在江戶幕府創設之後仍然沒有改變。

然而，信奉儒教這種麻煩思想的人，讓問題也逐漸變得棘手起來。當時有位學者林羅山，年輕的時候因為德川家康的關係，被雇用為政治顧問。因為他直到四代將軍德川家綱的治世時都還健在，所以在幕府的文教行政留下深厚的足跡。他在將軍的命令下，以漢文編纂了日本通史，在他死後，他的兒子（林鵝峰）完成了《本朝通鑑》。在這本書裡面，他用比對北朝更有好感的方式來寫南朝，連年號的記載，也是用併記的方式在上面寫下南朝的年號。

這是在室町時代不會有的思考方式。可以想到幾個理由，一個理由是德川家自稱是新田家的分家這件事起了作用。新田義貞是以南朝的忠臣身分和足利尊氏對戰的武將。眾所周知，足利尊氏是擁立北朝、創設室町幕府的人物。如果德川將軍家是那個新田一族的後代，當然比起對足利氏，他們也不得不對新田氏更加極力稱頌。恐怕身為御用學者的林羅山，是為了取悅將軍家，所以編纂了尊重南朝的歷史書吧！

但應該不只這個理由吧！在室町時代不能對將軍說的歷史認知，在江戶時代由專聘的學者來寫下，這可以評價為南朝的復活。

接著，前面介紹過的德川光圀的《大日本史》、新井白石的《讀史余論》登場，展開了更激烈的主張。也就是說，南朝才是正統的朝廷，位在京都的北朝，只是室町幕府的傀儡，沒有任何意義。

如果從他們的歷史認知是來自「日本自古以來，由天皇治理才是正道」來看，那麼相較於把政治委託給幕府將軍的北朝，天皇自己掌握政權的南朝，就更接近原本應有的形式。特別是在《大日本史》裡，明確論述了「南朝才是正統」的立場，這點也成為此書的特點，並由作者廣為宣傳。也就是說，像林羅山這種更加寬鬆的歷史認知，正是他們的主張。

因而到了賴山陽的時代，《日本外史》下定決心要幫助南朝。新田義貞、還有同樣侍奉南朝的楠木正成，都被褒揚為了不起的忠臣、英雄；另一方面，足利尊氏與其一派，則是被寫成違逆天皇的惡人。

並不是只有賴山陽一個人這樣寫，在他的時代，尊王思想與南朝正統史觀已經一體化，在文學作品的世界裡也已經是社會一般的概念了。和山陽同世代的還有以《八犬傳》聞名的瀧澤馬琴，他也寫了褒揚南朝的小說（詳細內容在《足利義滿：消失的日本國王》〔光文社，二〇〇八〕裡有寫到，有興趣的人請自行一讀）。

K♠　忠君愛國與民主主義教育

足利義滿是個不幸的人。他為南北朝的分裂劃上了休止符，達成了「日本」的重新統一，原本應該要被尊敬吧！但是，因為以他身為臣下的身分，不管是對南朝或北朝天皇家的人之不敬態度，讓他成為引起強烈非議的人物。已經說了不少次，這個歷史認知，在江戶時代後半深入滲透，成為明治維新的原動力、明治國家的教育規範。

在歷史上的人物中，批判足利義滿及他背叛了後醍醐天皇並創立北朝的祖父足利尊氏這樣的人物，教育帝國百姓要對天皇盡忠、保護日本國直到最後，這是明治時代被設計作為忠君愛國教育的目的。這完全不尊重孩子每個人的個性與人格，並完全以「為國家」為目標。

當時學校裡的歷史課時間，對學生洗腦日本這個國家的成立，是從《古事記》[1]和

1《古事記》：奈良初期所編纂的天皇家神話。分為上中下三卷，敘述從神武天皇到推古天皇，以天皇、皇子們為中心的故事和系譜。

《日本書紀》[2]所寫的傳承開始，也就是建國的神話。

沒錯，是神話。提到神話，一般所知的意思是與歷史的事實不同、實際上並沒有發生過的故事。像是希臘神話、日耳曼神話，都是在各個民族中長久口述流傳、關於在遙遠的過去中眾神所發生的故事，不管哪一種神話都不是歷史事實。日本的神話也是一樣。但是，日本卻把這種神話當成好像是事實一樣，在學校的歷史課時間裡教給學生。

如果要問為什麼這麼做，那是為了要教育孩子們，日本從過去到現在，國家大權（國體）一直都是以天皇為君主的形式。你的爺爺輩們，在小學時被教導的都是像這樣的「歷史」。但是戰敗後，因為GHQ（駐日盟軍最高司令官總司令部）批評「這種偏頗的教育是造成日本軍國主義的原因」，神話就從學校教育中被排除了。日本的歷史不再從神話開始，而是變成從石器時代的人的生活開始。但是這個也算不上是歷史事實。

在西元四、五世紀的大和朝廷成立時，天皇終於以朝廷的君主身分出現。但是在那時候還未被稱為天皇，而是叫做「大王」。因為當時天皇還沒有稱號，所以才被稱為大王。儘管顯得囉唆了，這是歷史事實。僕的立場是尊重這個事實。

不過，因此你們完全不知道日本神話也沒關係嗎？

《古事記》及《日本書紀》完成以來，過去的人們是以這個神話乃「歷史事實」為前提而生活著、思考各種事情。例如，要理解平安時代的人的行為，就必須確實地站在他（她）相信這個日本神話的前提來思考。也就是說，為了認識屬於歷史事實的平安時代，必須要知道非歷史事實的日本神話。

可能有點拐彎抹角難以理解吧！僕想要說的是，「日本神話不是歷史事實。但是要理解過去人們所發生的事，我們就不得不去理解日本神話。」

因此，在下一章，不是從石器時代開始展開的日本歷史，而是要從神話開始談起。在這種情況下，神話在實際的歷史上產生了什麼樣的作用？換言之，僕想具體來談的是，根據神話存在論的日本歷史是如何進行的。

賴山陽以日本神話為前提，在《日本外史》寫下了關於武士的時代。如前面所述，他是從日本原本的國體所走向的時代來描寫武士的時代。因為這本書在幕末被廣為閱讀，使得許多武士投身於恢復日本原本樣貌（賴山陽所想的樣子）的尊王攘夷運動。明治維新也因為有這股力量才得以成就。

另外，如同剛剛所說的，被神話洗腦的人，成了「皇軍（天皇陛下的軍隊）」到海外征戰，結果就是造成「那場戰爭」。

2《日本書紀》：日本最早的編年體史書，由舍人親王等人所撰，共三十卷。為六國史之首。後來與《古事記》併稱《記紀》。

作為與我們生活的「當下」息息相關的課題，你們也有必要確實理解日本神話。你了解了嗎？

♥心之章

A♥ 紀元節神話是什麼

今天是二月十一日建國紀念日。僕在小學一年級的時候，某個老師曾經給僕如下的「訓示」：「數年前，政府決定了建國紀念日為假日。雖然我們強烈反對，但是沒有用。我曾經對你們說過，這個日子沒有任何的意義。這是我亂說的。你們要在了解建國紀念日的意義之後才放假。」

現在，僕也想要對你們說一樣的話。

不過，早上的產經新聞刊登了一篇與僕想法相異的社論。那篇文章的主旨是，建國紀念日雖然可能沒有歷史上的根據，但是可以懷念制定這一天的明治時代，當作思考日本的過去與未來之日。這也是一種看法，但重要的是「建國紀念日雖然可能沒有歷史上的根據」這句話。

原本從明治時代到一九四五年為止，這個日子被稱為「紀元節」，意思是日本國的生日。而將二月十一日訂為紀元節是在一八七三年，也就是明治六年制定的。在此之前，日本國的生日都是元旦，也就是一月一日。另外，這年開始採用太陽曆，因為若根據東亞舊曆，與正月之間會產生誤差。因此，在此之前一月一日為國家生日的行事曆，就和這個日期錯開了[1]，這也可以說是幕末維新時期所創的新傳統吧！

西曆紀元前六六〇年的正月元旦，神武天皇即位。根據計算，這一年的元旦在太陽曆裡正好是二月十一日，所以就訂這一天為紀元節。一八八九年也在這一天發佈大日本帝國憲法，這當然是特地選在紀元節那一天發佈。明治天皇之所以這麼做，是想要塑造出媲美神武天皇的偉大天皇印象吧！

神武天皇本名神日本磐余彥尊，生於宮崎縣。在宮崎縣出生的原因是其曾祖父天津彥彥火瓊瓊杵尊[2]從眾神居住的高天原降臨下界，選定宮崎縣的高千穗居住之故。瓊瓊杵尊是受到祖母天照大神之命降臨下界，被稱為「天孫降臨」。當時，他還從天照大神那裡得到了祝福的話：「寶祚之隆，當與天壤無窮者矣。」（《日本書紀》）當時可能都是用漢字寫下的，意思是我們一族為王，興盛繁茂；「天壤無窮」的意思則是像天地般無窮盡吧！

根據《神皇正統記》這本書所載，瓊瓊杵尊似乎統治天下三十萬八千五百三十三

1 原本一月一日為國家生日，因為改曆，國家生日變成二月十一日，故在行事曆上，元旦與國家生日就錯開了。

2 **天津彥彥火瓊瓊杵尊**：《古事記》裡寫作邇邇芸命，也稱邇邇芸尊。

年。像僕這樣四十五歲就已經逐漸老化的人，活三十萬年簡直無法想像，但若是神的話，三十萬年左右應該是稀鬆平常吧！

瓊瓊杵尊的兩個孩子，就是知名的海幸彥與山幸彥。如同名字上的意思，兩人各有自己的領地。當時，兄弟兩人說好互相交換狩獵和捕魚的場所。弟弟山幸彥向哥哥借了重要的釣鉤，但釣鉤卻被魚吃掉不見了，結果哥哥因此責怪他。不知如何是好的山幸彥後來得到了海神之女豐玉姬的幫忙，於是兩人結為連理，打倒海幸彥，繼承父親瓊瓊杵尊的地位。另外，豐玉姬其實是龍，在生產的時候，因為龍身的樣子被看見而感到羞愧，最後回到海中。你媽媽如果離開，僕一定會悲傷馬上活不下去吧！不過神不愧是神，即使在這種痛苦的情況下，還能治理這個國家六十三萬八千九百七十二年。山幸彥的正式名稱為彥火火出見尊。

彥火火出見與豐玉所生的兒子叫做鸕鷀草葺不合尊。他治理這個國家長達八十三萬六百零四十三年，是最長的紀錄。

他的第四個兒子是神日本磐余彥。他被稱為「神武」，是一直到後來，因為歷代的天皇全部都取了像中國皇帝一樣的稱號才有的名號。不過，因為一般都用唐制的諡號來稱呼天皇，所以本書也沿用這個方式。

當時，神武突然發現，「打從曾祖父從高天原降世以來，自己所居住的地方，竟然是在這個國家非常靠西邊的位置？」所以他覺得應該在正中間的大和之地那裡設置首都才對。因此，他找來兄弟、家族和家臣們商量。結果大家異口同聲決定「東征」。

在同一個國家裡，為什麼用征服的「征」這種充滿動盪不安感的字來表示呢？然而實際上，神武一行正走進苦難的路途。特別是在大和之地有個叫做長髓彥的人，他和神武不同，是由來自高天原的神之子孫所擁立的，於是他激烈抵抗神武的軍隊。天照大神則從高天原遠眺兩軍對戰的情況——不愧是高天原的神，果真是長生不老吧！因為從他的孫子瓊瓊杵尊降到地上，已經過了一百七十八萬二千四百六十八年了。

總之，在天照大神的指示下，派了八咫烏引導神武的軍隊，大敗長髓彥。日本足球國家代表隊的徽章，就是用這隻八咫烏為裝飾。

因此，神武天皇定都於大和的橿原，以初代天皇的身分即位，這就是日本國的開始。不過，該怎麼說才好呢？創造如此偉大功績的神武天皇，在位僅七十六年就駕崩了。聽好了，他並沒有像他的父親鸕鷀草葺不合尊一樣統治「七十六萬年」。在此之後，神武的兒子、第二代的綏靖天皇在位三十三年、其孫第三代安寧天皇在位三十八年，繼位的都是短命的天皇。

儘管短命，但很有趣的是，他是在父親年輕時候出生的。神武天皇是第四個兒子，但在他五十一歲的時候父親過世，也就是說，鸕鷀草葺不合尊至少是到了八十三萬六千歲的時候才有小孩。另外，綏靖天皇是神武天皇八十歲左右時生下的孩子；安寧天皇則是綏靖天皇六十五歲左右才有的孩子。儘管是這樣的年紀，和我們這等凡人相比，也還有相當充足的歲數去生小孩吧！

從此以後，天皇家一直都有後代繼承，直到第十二代的景行天皇。

2♥ 宗教談的日本古代史

你該不會沒把昨天的話當真吧？

原本慶祝紀元節的人，也許相信「神武天皇從日出之國東征……」，當然這的確就是宗教。這和在西曆中所謂今年是「自神以人之子的樣貌現身人間迄今第二〇〇八年[1]」的意思是一樣的。不過因為是宗教的關係，想要相信的人、信者恆信，他人沒必要多管閒事吧！天神的子孫為什麼會變成人類？八十萬歲又如何有小孩？為什麼壽命突然變短了？這些「合理」的疑問，全都沒有意義。如同西方思想家德爾都良（Quintus Septimius Florens Tertullianus）所說的：「因為荒謬，所以相信（Credo Quia absurdum）。」

不，其實不需要任何事都引用西方人的說法。活躍於十八世紀的學者本居宣長，也說過「惟神」。對於大肆宣揚各種道理，想要做合理說明的同行來說，「神就是神，不是我們這等凡人能摸著邊際的。」因為古代的紀錄是這樣寫的，所以就信了吧，這就是

1 日文原書初版為二〇〇八年。

所謂的宗教。

繼續來看宗教所談的日本古代史吧！

第十二代的景行天皇有幾個皇子，其中被稱為日本武尊的皇子，武藝特別優越，他隻身征討位於九州、違逆天皇的熊襲族[2]。熊襲族的土地就在神武的出身地日向旁邊，但經過數百年之後，情勢似乎已經改變。後來，他又遠征東方之地，也在那裡立了大功，但最後卻因為桀驁不馴的態度，受到山神的懲罰，喪失了性命。因此，皇位就由弟弟成務天皇繼承。

但是應該因為不少人對日本武尊抱持敬意和景仰，所以在成務之後，由日本武尊的兒子來繼位，是為仲哀天皇。從這時候開始可以由不具親子關係的人繼承皇位。在此之後，不只是親子，兄弟、堂兄弟之間，有時甚至還有由血緣關係相當遠的人來繼承，皇位繼承的原理已經改變。

所以，歷史學者從很早之前就開始認為「神武以來的直系相承，是在很久之後才被設計、編造出來的故事」。也就是說，神武天皇是虛構的人物。僕也是這麼認為。直到現在，宮中仍以神武天皇為首任天皇進行祭祀，日本政府對外也稱神武天皇是首任君主。當然，這也包含了祖先是天照大神的說法吧！這個意思代表了我們和自稱承襲了自聖彼得以來傳統上擔任「神的代理人」的梵蒂岡沒兩樣。而梵蒂岡的君主，就是羅馬教宗。

好不容易繼承了皇位的仲哀天皇，卻因為不信神的旨意而突然逝世。神的旨意是「在海的另一邊也有陸地，是寶藏之國，去征服它吧」。仲哀天皇在位僅九年，是至今最短的在位紀錄。

在這種緊急狀態下即位的是神功皇后。現在她並沒有被記入天皇年表中，但是在江戶時代曾被列入「第十五代」天皇，這代表她是史上第一位女帝。她雖懷了仲哀的孩子，但是為了實現神的旨意，在祈禱暫時不要分娩之後，她就出發向海的另一邊征討。海的另一邊是三韓之國，也就是朝鮮半島。那裡的國王畏懼她的威勢，誓言向她服從。之後，在朝鮮半島上的各個國家，帶著貢品向日本國朝貢便成了常規。

談到這裡，為了不讓你誤解而要先說清楚的是，僕不相信這個「宗教」。只是因為有那種建國的說法，所以才向你說明。

回到九州的神功，順利地生下男孩。另外，其它女性所生下的仲哀的皇子，在大和企圖謀反。這個宗教雖然是這麼解釋的，但是僕認為若真有像這個模式的史實，實情應該和上述所說相反，應該理解為：對於本來應該當上天皇的皇子而言，繼母神功那邊才

2 **熊襲族**：古代居住於九州南部的熊襲地區的人。《古事記》寫作「熊曾」。

是謀反的一方。而且，這個架構雖然就是九州的軍隊討伐大和的原住民勢力，但也可以視為神武東征的再版。神功的東征正是以神武東征原本的模式來進行，也有人認為兩者是相同史實的兩種不同傳說。加上因為神功本身似乎總是被以卑彌呼[3]為範本來塑造形象，所以這個事件也被連結到邪馬台國前進東方一事上。

總之，神功母子打敗敵人，壓制了大和。在她死後，其子即位，為應神天皇。水戶藩的《大日本史》不承認神功皇后的即位，將她從天皇年表中移除。這點與前面所介紹的「南朝為正統」，並列為《大日本史》的三大特色之一（第三個特色是承認之後登場的大友皇子之即位）。自此之後直到現在，神功皇后只是單純被視為皇后，而非女帝。

所以，雖然讓人不知道應該稱應神天皇為第十六代，還是第十五代，但差不多從這個天皇開始，這個「宗教式」的紀錄，就開始接近史實了。更有人認為應神天皇才是大和朝廷最初真實存在的君王。或者根據東征傳說，一掃在此之前大和的崇神天皇系統的王權，而認為應該改視應神為取而代之的征服者才對。從這時候開始，這個「宗教」所傳下來的古老紀錄，變成了描繪為爭奪皇位而充斥著血淋淋的混亂爭端，而且突然就變得像人類（？）的行為，也可以推斷這在某種程度上，應該是反映出歷史事實吧！

的確，從天孫降臨到神功皇后的征討三韓，這種神話般的故事，與應神天皇以後大和朝廷的政治事件紀錄之間，傳承內容應該是有實質上的斷層。就這樣，以「日本」為名的國家組織終於開始出現了。

3 **卑彌呼**：根據中國史書《魏志倭人傳》的記載，卑彌呼是三世紀左右邪馬台國的女王，統治三十多個國家，在西元二三九年進貢魏明帝，受封親魏倭王的稱號。但在《日本書紀》和《古事記》中都沒有關於卑彌呼的記載，以及邪馬台國的位置問題，都尚在爭論中。幾個說法分別將卑彌呼對比為天照大神、神功皇后或是倭姬命（第十一代垂仁天皇的皇女）等。

3♥《古事記》也以漢字寫成

今天有來自中國的客人，和我們一起吃午飯。邀請人是東京大學史料編纂所的K先生，所以他也一同列席。（多謝招待）

K先生的工作是日本歷史編年史的編纂，稱為《大日本史料》。其中第一篇是從平安時代的宇多天皇開始，你知道為什麼嗎？

理由是在平安時代「六國史的延續」編纂工作中斷了。六國史在國中應該還沒有教到吧？但是在高中的日本史教科書裡確實有寫到。引用如下：

> 以《日本書紀》為始，由朝廷進行的歷史編纂持續到平安時代，編了《續日本紀》、《日本後紀》、《續日本後紀》、《日本文德天皇實錄》、《日本三代實錄》六本漢文正史。這些總稱為「六國史」。

這段引用是來自高中教科書《詳說日本史B》（山川出版社，二〇〇六年文部科學省檢定版）。[1]之後引用到高中日本史教科書的時候，都是從這裡來引用（另外，卷末寫了十二位作者的名字，我就認識其中八名教授，不好意思，在此忍不住要自傲一下。）

接著，前面所引用的文章將關於《日本書紀》的記述，寫在注釋的後半段。七二〇年寫就的《日本書紀》，補充說明是「以慣用的中國體裁，用漢文編年體方式寫成」。藉此機會，也引用一下注釋的前半段吧！

根據神話、傳說或是「帝紀」[2]、「舊辭」[3]，從神代開始到持統天皇為止的歷史是以天皇為中心。因為其中也有部分是根據中國的古籍和編纂時間點的法令所寫成的文章，雖然有慎重檢討的必要，仍是古代史的寶貴史料。

「帝紀」和「舊辭」是之前《古事記》的說明文中用來介紹的用語。通常前者是指

1 **山川出版社教科書**：日本中學的教科書由多家出版社自行編寫，再經文部科學省審定。約有三分之一的學校採用山川出版社編寫的教科書，因此作者於本書中提及的教科書內容皆是取自山川出版社的版本。

2 **帝紀**：記錄皇室家譜、代代口耳相傳之事蹟等內容，以天皇為中心寫成的系譜，是《日本書紀》和《古事記》（合稱《記紀》）二書的編纂藍本。

3 **舊辭**：日本古代口傳的神話、傳說，是《記紀》二書的資料來源。

天皇（嚴格來說是「大王」們）的紀年史；後者是大和朝廷的氏族們傳承記錄的內容。在前面的內文中寫到「以慣用的中國體裁」，把它與並不是用那樣形式寫成的《古事記》來作比較，就可以顯現出差異吧！前面也寫到過，當時一般的感覺，並不是配合「中國（所謂在外國流行的異文化）」，而應該是配合「國際標準（globe standard）」的體裁。

現在一般提到《古事記》和《日本書紀》會依這樣的先後順序，在歷史的教科書裡也是這依這個順序出現。從完成年代來看，也的確如此，雖然《古事記》僅僅早了八年完成。不過原本為什麼在同一個時期，非得根據相同的資料（「帝紀」和「舊辭」），完成兩種史書的編纂不可呢？

因為兩者的文體不同。如果借用教科書的寫法來說，《古事記》是「用漢字的音讀和訓讀來表示口語式的日文」。相對的，《日本書紀》則是用當時的國際共通語言「漢文」寫成的。因此，自十八世紀的本居宣長之後，一般都根據這點認為《古事記》才是以原本的形式正確地傳達了日本自古以來的傳說。若是以漢文寫成，就是「根據中國的古書和編纂當時的法令所寫成的文章」，恐怕會有偏離當時的情況之虞。

或許的確是如此。在五、六世紀的大和朝廷，大王和豪族們是不會用《日本書紀》中所記載的中文那樣談論政治上的話題吧！而在本居宣長這些注釋者們的努力解讀下，《古事記》那種古代日文應該才是當時的人們會說的話。

不過，請等一下喔！你認為《古事記》是用日文寫下的嗎？至少是用與平安時代的「假名文學」[4]、也就是前面提到過的《榮花物語》、《大鏡》完全不同的表現形式寫的。《古事記》編纂當時，「假名」還沒有被發明出來，因此，全文都是用漢字寫成的。

在教科書裡也有記載《萬葉集》[5]是用「萬葉假名」所寫的，不過只有《古事記》是寫「用漢字的音讀和訓讀來表示」。如同剛剛所說，這個寫法是為了對比完全用漢文寫成的《日本書紀》、顯現出兩者差異的緣故，但是實際上，《古事記》還是「漢文」。相較於《日本書紀》給中國人讀大概能看得懂；而《古事記》則是對日本文法不了解的人，就無法讀懂的「漢文」，差別只是在這裡而已。

平安時代是「假名文學」興盛的時代，但公家的日記則是用「漢文」來寫。所以你看，在《土佐日記》[6]的開頭，就寫了：「男人也會寫的日記這種文章，女子我也來寫

4 **假名文學**：平安初期的日本文學，採用以平假名和片假名來取代漢字的表音文字，例如安⇓あ、以⇓い、宇⇓う、衣⇓え、於⇓お；阿⇓ア、伊⇓イ、宇⇓ウ、江⇓エ、於⇓オ，片假名是取漢字字形的一部分，平假名則是將漢字變形而成。

5 **《萬葉集》**：奈良時代的歌集，共二十卷、四千五百多首詩歌，是日本文學史上現存的第一部和歌集。

6 **《土佐日記》**：平安時代的日記，作者紀貫之，記錄從任職期滿的土佐回到京都的五十五天之旅記。因為當時男性都是以漢文書寫，所以作者假女性之名以平假名寫下這本日記，是日本文學史上首部日記文學、假名日記，平安時代假名文學的先驅，對日後的假名日記文學、隨筆、女流文學有深遠的影響。

寫看吧。」不過公家的「漢文」，讓中國人來讀的話，會覺得出現很多令人嚇一跳的表現和用字。所以被稱為和風漢文。

但這可不只有出現在平安時代而已。在相當後面的時代裡，戰國時代的大名們所發佈的文書，很多都不混用假名，只用漢字來寫。不過到了這個時候，這種文字怎麼樣也不能夠稱作是「中文」了。

如果看《大日本史料》，會發現裡面引用的史料很多都是「漢文」。你們在歷史教科書裡看到的史料，很多也是將漢文改寫成普通的日文形式後才被引用、說明的。剛好就像僕在前面也是以這個方式來介紹賴山陽的《日本外史》。不過，這都是靠研究者努力地將看在中國人眼裡也很奇怪的漢文改寫成普通日文，我們才能看得懂。

4♥ 本居宣長的主張

今天是二月十四日情人節。謝謝你的巧克力。雖然是義理巧克力[1]，但還是很開心。這個日子在我們家電視上方的日曆上，也用日、英、中、韓各國語言標示出特別節日。你看到今天的日曆了嗎？日文當然是寫「バレンタインデー」[2]，英文版是用英文寫，韓文版則是用朝鮮文字標示英文發音，但是中文……是寫「情人節」。「節」是表示「（某個特殊的）日子」的漢字，前面說過，日本在戰前也是有「紀元節」這個說法。節的前面所用的「情人」，從日文來看是令人有點臉紅心跳的字眼，但在中文裡是普通的「戀人」之意。順帶一提，因為「愛人」是「妻子」的意思[3]，你媽媽是僕公認的「愛人」！（不是應該要大肆宣揚嗎？）

1 **義理巧克力**：情人節當天送給沒有愛慕之意、非情人的其他人的巧克力稱為「義理巧克力」。
2 **バレンタインデー**：日文用片假名寫出英文Valentine's Day。
3 **愛人**：作者在此所用的是中國大陸的用法。

言歸正傳，距今兩百五十年前，在伊勢神宮附近的松坂之町，出現一個名叫本居宣長的醫生。他在家業之餘忘情於和歌的創作，甚至興趣凌駕本業，變得更加忘情於日本古籍的閱讀。在偶然的機會下，他去見了剛好路過松坂的知名學者賀茂真淵，並報名成為他的弟子。不久之後，他完成了將《源氏物語》全文注釋的大工程，接著就開始挑戰難以理解的《古事記》。《古事記》與用假名寫成的《源氏物語》不一樣，首先要如何用日文來閱讀原文就是一大難關。但是因為他卓越的判斷力加上不懈的努力，終於完成了這個前人未竟的偉業。他對《源氏物語》和《古事記》的注釋，即使到了現代，依舊是古籍方面的權威。

本居宣長在出版《古事記傳》之前，一般都認為《日本書紀》的地位比較高。因為《日本書紀》不是奇怪的和式漢文，而是確實以漢文所寫成的書籍。在江戶時代，《本朝通鑑》、《大日本史》、《日本外史》也都是用漢文寫成的，也是因為這點的緣故。到了《日本外史》，被廣泛使用在幕末的學校裡，等於是作為給高中生讀的日本史教科書的角色。如何？請想像一下，你們的歷史教科書變成用漢文寫的。

不過，這樣想就錯了，如同前面所說，當時的漢文就像現在的英文一樣，所以如果教科書全部是用英文寫的話……？

雖然有點離題了，但是根據《安政條約》，開國之後，日本人如果養成具備西洋的學問，我想這點對工作是很有利的。因為光是可以將過去學習的漢文換成英文或德文這點來看，幸好有學習漢文的習慣。實際上漢文和英文或德文在詞序上，有相似之處，當學習英語的時候，似乎可以用跟漢文一樣的斷句符號來讀。幕末的學者都會寫漢文，所以他們之所以能夠很快學會用英文或德文來寫文章，應該也是托此之福吧！不只是幕末而已，到了明治時代也是一樣，例如知名的森鷗外、夏目漱石，他們在學習德文以及英文之前，都接受過完整的漢文教育。

回到正題，本居宣長對《古事記》、《源氏物語》這些日本古籍所重視的就是「情感」。《古事記》是直接描寫古代的神與人類之間的真實情感；《源氏物語》則是寫下「物之哀」[4]的小說，所以說非常重要。

這些都沒有受到來自中國的思想、特別是經過儒教潤飾之後的想法所污染，是純粹的日本思想。與「漢心」相對的即是「大和心」。《日本書紀》因為新來的儒教思想，

4 **物之哀**：理解平安時代的王朝文學的重要文學與美學理念之一。「什麼叫作『物之哀』呢？其實，這個詞的含義也是相當曖昧朦朧，不容易具體解說的。大體言之，『物』是指客觀對象的存在，『哀』則是代表人類所秉具的主觀情意。當人的主觀情意受到外在客觀事物的刺激而產生反應，進入主客觀融和的狀態，即呈現一種調和的情趣世界；而這裡所謂情趣世界，所包含的範圍是相當廣大的，舉凡優美、纖細、沉靜、觀照的觀念都可算作其中一端。」引用自林文月譯《源氏物語》（洪範），一九八二年修訂版序言。

內容被重新改寫了。本居宣長認為，這不單純只是內容的問題，也是既然用了原本日本所欠缺的技術，即漢文這種外來文化的表現方式，即無法逃避的情況。而且，如果想要知道古人對事物的想法與感受，也就是他們的「情感」，他主張要用《古事記》原本的語言聲音，而不是用漢字表示的文字發音，以古代日本語的發音來解讀是必要的。

另一方面，這也是立基於合理基礎的主張。即使現今在學術上，日本古籍的研究也是以這種本居宣長的風格進展下去，這是因為這個做法被認為是正確的吧！正因為日本的古籍就應該要用日文來發想，所以有就算用漢文寫，也應該以日文來讀的見解。因為日本史的教科書有這樣的打算，所以才將原本用漢文所寫成的史料全部改用訓讀的方式改寫後引用吧！因為漢字終究只是借來的，既然可以用假名來表示，所以混合了假名來寫還比較「像日文」。

不過，真的是這樣嗎？

僕不太清楚什麼才是正確的。因為日本不是中國的，所以日本人寫的文章，即使用漢文來寫，也應該可以用日文來讀，這說法的確有一番道理。但是那個文章實際上是用漢字排列出來的，最早理當沒有指示應該怎麼讀。「用日文來讀」的這種讀法，只不過是閱讀者的一種解釋而已。原本什麼才是正確的？讓人覺得，出現這個問題本身就是錯的。困難的話題到此結束，不過下面要再強調一件事。

那就是漢字所具備的造語能力。

Valentine's Day的中文是「情人節」，你不覺得這是非常了不起的語言嗎？這三個字完全看不到這個節日語源的天主教聖人名字。但是令人憂喜參半的是，現在我們在這個日子交換巧克力，完全不是為了慶祝這個聖人，而單純只是「為了戀人們的日子」。在八世紀的大和朝廷裡的「史料編纂所的老師」，注意到中文這個了不起的能力，並用它寫下「日本國」的歷史。但十八世紀的伊勢學者卻對這種做法污染了日本的純粹性而感到憤慨。那麼，要加入哪一方才好？就由你們自己來判斷了。

5♥ 史料的看法

這裡將從前幾節提到的《大日本史料》開始談起。為什麼《大日本史料》會接在六國史之後呢？原因在於《大日本史料》的編纂工作是以承續「六國史」作為正史而開始的。六國史的最後是《日本三代實錄》，記錄了清和、陽成、光孝「三代」天皇的時代。寫於醍醐天皇之時，正好是西曆十世紀開始的九〇一年完成。在光孝與醍醐中間即位的是宇多天皇。

之後，並沒有承繼六國史的正史編纂（所以總稱為「六國史」，如果有更多的話，就會是「七國史」或「八國史」之類了）。也就是說，宇多天皇以後的正史並不存在。

的確，前面也提到過，江戶幕府的《本朝通鑑》或是水戶藩的《大日本史》，都是以涵括六國史之後時代的史書所規劃、編纂而成的。江戶時代的人們大概認為這樣事情就已經完成了。

結果後來發生了明治維新。明治政府揭起王政復古的口號，目標是回到以前天皇親政的時代，也就是沒有攝關政治[1]或是幕府的時代。前面也提到這完全是個謊言，不過這個「口號」（標語）是非常重要的。如果從這個觀點來看，「說起來，宇多天皇以後的正史不就都還沒有被寫出來！」

編纂《大日本史料》的大工程，就此開始了。

實際上，原本是更複雜的經過，不過就先以此對你簡略說明。如果想知道正確的資訊，請在大學專攻歷史學。

《大日本史料》是將各種史料，例如公家的日記、寺廟神社的紀錄、古老世家的文書等各種資料依照年代順序排列，關於同一天的記事則以相同事項來整理，然後在這個相關事項一開始的地方附上標題。現在也依照明治時代所定下的規則繼續編纂史書，這種非常老派的方式，讓人感覺到「這就是正史編纂！」現在全文都已經陸續電子數位化，去檢索看看會發現很有趣喔！

因此，即使在形式上說是六國史的繼承工作，但方法卻是相當不一樣的。首先，標題文章就不是「漢文」，而是像一開始寫到的「訓讀」式文體。舉一個例子來說明吧！

北条時政、京都ノ情況，及ビ義経ノ妾静（しょうしずか）ヲ鞠問（きくもん）セシ状（じょう）頼朝ニ報ズ。（四編之一、

1 **攝關政治**：平安時代藤原家以攝政或關白的職位，代理或輔佐天皇執政長達約一百年間的政治制度。

三一頁）

（中譯：北條時政將京都的情形，以及審問義經之妾靜的情況向賴朝報告。）

這是一一八五年十二月十五日的記事，根據的史料就是那本《吾妻鏡》。如同前面所寫到的，《吾妻鏡》本身是在鎌倉幕府內工作的官僚所編的書籍，並不是第一手史料。不過因為那些史料現在幾乎沒有留下來，因此《吾妻鏡》才成為《大日本史料》的重要材料參考來源。

順帶一提，僕想起了念國中的時候，出版了《吾妻鏡》訓讀版的新裝普及版，在出版期間，父親（你的爺爺）一卷一卷帶回來給我。第一冊從源賴朝在伊豆揭竿起義開始，應該是讀懂了，但是到了第三冊開始就沒讀下去了。《吾妻鏡》從二〇〇七年開始終於出版了全文現代語譯版[2]，不再是漢文的訓讀文章。終究到了用現代白話翻譯後品味古籍的時代了。但是也因為如此，不再出現像僕這種有點怪的中學生，真是令人感到失落啊！

《吾妻鏡》所寫的是鎌倉幕府的歷史，之所以會編纂這本書，是因為《吾妻鏡》編纂者的祖先似乎是出身公家的幕府官僚，負責做紀錄之外，也將京都的公家們的日記和寺廟神社的文書作成文件。所有化為文字的內容幾乎都是「漢文」。

現在這些史料幾乎都已消失殆盡，但就像「帝紀」、「舊辭」成為《古事記》和《日本書紀》編纂的材料來源一樣，《吾妻鏡》也是類似的情況吧！在假名還沒被發明出來之前，書寫的形態應該就是「漢文」。這絕不是像本居宣長所說的那樣，以古日本語就能寫成的。

在《吾妻鏡》中，武士之家用口頭傳承的傳說，當然是日本語吧（難道是關東發音？），但《吾妻鏡》所留下來的紀錄，被改成了「漢文」。所謂的「舊辭」原本也是相似的情況，應該都是豪族之家或神社口頭傳承的傳說。雖然任意猜測不具任何意義，不過如果依照當時的情況來推測，應該就是這樣沒錯吧！統整這些傳說，改寫成書寫用的文字之際，應該也會對書寫文字進行修潤。根據這點來看，姑且不論量的部分，就質的方面，《古事記》也好、《日本書紀》也好，並沒有太大的不同。

僕有個朋友叫做神野志隆光，他在二〇〇七年的時候出版了《多數的「古代」》這本書（講談社現代新書）。對於《古事記》和《日本書紀》所描寫的「古代」，是那些編纂書籍創造出來的「古代」，現代的歷史學者從其中自行挑選「這個是事實」、「這個

2 五味文彥、本鄉和人、西田友廣編譯，《現代語譯 吾妻鏡》（吉川弘文館，自二〇〇七年發行，預定出版十六卷，二〇一三年五月出版至第十三卷）。

只是神話、傳說」，然而把這些被選出來的「史實」連接起來，就說是「日本古代史」，到底有什麼意義呢？若以僕這種粗略的方式來概括而論，神野志先生的主張大致上是如此。僕認為就編纂歷史的方法而言，最基本的問題也隱含著非常深奧的學問。

下一章將繼續圍繞這個問題，來談談聖德太子的故事。

6♥ 聖德太子的出身

聖德太子即廄戶王，西元五七四年出生，是用明天皇之皇子。用明在現在的天皇年表中是第三十一代；如果也把神功皇后算進去，就是第三十二代「天皇」。當然，以史實來看，當時還沒有使用天皇年號，所以用明的父親就以欽明天皇來稱呼。

欽明的皇子、皇女裡面，有四位即位為天皇。依序是敏達、用明、崇峻、推古。最後的這位推古天皇，因為是日本第一位女性天皇，所以很有名。在《日本書紀》中，雖然對神功皇后也用天皇的規格來對待，但是卻用了「皇后」這個詞，而不是正式的天皇。所以推古天皇才是首位女帝。

如同神功是仲哀天皇的皇后，實際上推古原本也是敏達天皇的皇后。是的，因為兩人都是欽明天皇的孩子，所以是兄妹關係。現在，法律上會禁止這種關係結婚。但是在那個時候，只要是不同母親，就算是哥哥和妹妹，也可以結婚。也可以說，為了要保持天皇家血統的純粹性，當時甚至還鼓勵這種做法。所以他們當然不是因為個人的戀愛感情而結婚的，決定這對兄妹婚約的可能是兩人的父親欽明天皇。不只這對夫婦是這種情況，聖德太子的母親穴穗部皇女也是欽明天皇的女兒，所以她和丈夫用明天皇也是兄妹。換言之，聖德太子是哥哥和妹妹結婚所生下的皇子，父親那邊的爺爺和母親這邊的外公是同一個人。對我們現代人來說，實在是難以想像的親戚關係啊！

欽明天皇在聖德太子出生前就去世了。而他的伯父敏達天皇是在五八五年時逝世的。之後由聖德太子的父親用明天皇即位，但是他在位僅兩年就過世了。那時剛好是日本因為是否要接受佛教而開始產生輿論分裂的時候。用明逝世之後不久，接受佛教派的蘇我馬子，就攻擊並消滅了排斥派的物部守屋。

這似乎也對皇位繼承之爭產生了影響。

用明天皇之後即位的是，對聖德太子來說具有雙重意義的叔父崇峻天皇。此人和穴穗部皇女是同一個母親所生的，但是因為蘇我馬子與崇峻天皇對立，最後指使部下暗殺天皇。那是發生於五九二年的事。然後接著即位的是推古天皇。

她即位的時候據說是三十九歲，因為壽命不長的關係，也稱不上年輕了（啊，不過你媽媽過了四十歲還是很年輕啦）。欽明的三個皇子陸續當上天皇後，下一任則是由馬子那派擁立推古，作為讓欽明的孫子輩可以接著繼承的中繼人選。

據說和蘇我馬子一起輔佐推古天皇、並受到重用的就是聖德太子。根據《日本書紀》的資料，推古即位四個月後，在五九三年四月立聖德太子為「皇太子」，讓他處理

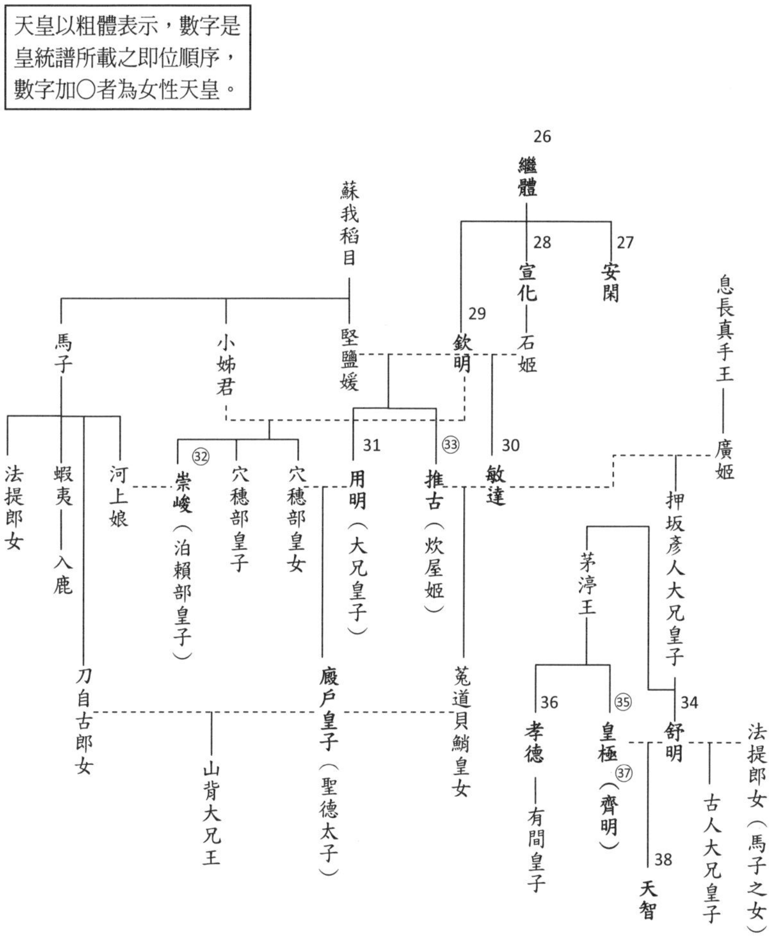
天皇以粗體表示，數字是皇統譜所載之即位順序，數字加○者為女性天皇。
26 繼體
28 宣化
27 安閑
蘇我稻目
息長真手王
馬子
小姉君
堅鹽媛
29 欽明
石姫
法提郎女
蝦夷
入鹿
河上娘
㉜ 崇峻（泊賴部皇子）
穴穗部皇子
穴穗部皇女
31 用明（大兄皇子）
㉝ 推古（炊屋姫）
30 敏達
廣姫
押坂彥人大兄皇子
茅渟王
刀自古郎女
山背大兄王
廄戶皇子（聖德太子）
菟道貝鮹皇女
36 孝德
有間皇子
㉟ 皇極 ㊲（齊明）
34 舒明
38 天智
古人大兄皇子
法提郎女（馬子之女）
皇室與蘇我氏關係圖

所有的政事。隔年，推古下令聖德太子和蘇我馬子負責讓佛教興盛起來。之後，豪族們相繼建立寺院，高麗的僧侶慧慈、百濟的僧侶慧聰也來到日本，成為佛教界的領袖。因此，在聖德太子與蘇我馬子的領導下，日本開始步上以佛教為國教的國家。

在推古天皇的時代，聖德太子完成的成就除了使佛教興盛之外，其他如冠位十二階的制定[1]、憲法十七條的執筆[2]、以及派遣隋使，都是有名的政績。不過這些真的是當時所發生的事情嗎？由學者津田左右吉（一八七三—一九六一）[3]在百年前所提起的是否真有此事之疑問，現在也仍爭論不休。問題在於，只是因為《日本書紀》有寫到，所以就完全相信嗎？

聖德太子在《日本書紀》中是個罕見的英雄，前面介紹過的日本武尊和神功皇后雖然也是英雄，但是聖德太子建構了有系統的政治秩序，對奠定往後的日本國家之基礎扮演重要的角色。

不過，他並沒有出現在《古事記》中。這是因為《古事記》只記述到推古天皇的時代，而且裡面也只記載天皇的族譜，並沒有關於事件的紀錄。在神話時代的故事後面，是神武東征、日本武尊和神功皇后活躍的記錄，相較於《古事記》的主題是統一國土戰爭的記事；《日本書紀》則是透過詳細記述關於聖德太子的政治，以及接下來要介紹的大化革新，來描寫國家制度制定的過程。

1 **冠位十二階**：根據《日本書紀》，冠位十二階在推古天皇十一年（西元六〇三年）時制定，以冠的顏色和質料來表示官員在朝廷的位階。十二階為大德、小德、大仁、小仁、大禮、小禮、大信、小信、大義、小義、大智、小智。

2 **憲法十七條**：此憲法並非現在日本國憲法。這是推古天皇十二年（西元六〇四年）時，聖德太子寫下十七條憲法，內容關於貴族與官僚的道德規範，其中包含了儒家與佛教的思想，也可以看到法家與道教的影響。全部十七條都記載於《日本書紀》中。

3 **津田左右吉**：歷史學者，從近代史料批判《日本書紀》、《古事記》的觀點，否定神話的「津田史觀」成為二次大戰後歷史學的主流。

7♥ 成為爭論對象的聖德太子

現在在這台電腦的旁邊有兩本書，分別是谷澤永一的《聖德太子不存在》（新潮新書）以及田中英道《排除聖德太子虛構說》（ＰＨＰ研究所），兩本都是二〇〇四年出版的。

兩位作者都不是日本古代史的專家。谷澤氏是書誌學者，田中氏乃美術史家。或許也是因為這樣的緣故，這兩本都不是所謂的學術書籍。不過這兩位作者從正反兩方的立場相繼出版著作，讓「聖德太子」成為近年來爭論的主題。除此之外，也有很多持各種意見的作者以這個主題出版，其中也包括了我認識的東洋史權威老師。

不愧是聖德太子，連本來不是這個領域專家的研究者們都涉入這個主題，不管怎樣，他都是建構日本國基礎的人，所以會被長期傳頌，然而這個印象會瓦解還是會保留，都是世紀的攻防戰。

前面一開始提到的谷澤氏的著作中，在結論的部分是這麼說的：

聖德太子的印象（image），不管是從物[1]或文章，都各以三點為一組而成立。第一、釋迦像；第二、藥師像，從其背後之光相[2]看見的銘文，是很久之後的後世所刻。另外，編織於繡帳上並留存至今的僅十二個文字。因此《上宮聖德法王帝說》據稱是抄錄自過去的文字，並補充抄寫關於太子的句子。但是「帝說」也是後世的說法。所以物的三點一組與太子沒有關係。

文章的三點一組是經典的注釋。把陷於困境中的聖德傳說緊緊抓著、想要保護它的代表作《勝鬘經義疏》，與來自敦煌的《勝鬘義疏本義》兩相對照，就可以知道是根據中國所寫的作品。以下亦同。……（前揭書二一二—二一三頁）

法隆寺現存的佛像和附近中宮寺所收藏的天壽國繡帳，還有被認為是聖德太子著作的「勝鬘」、「法華」、「維摩」三經的義疏[3]（義疏指的是該經文的注釋本），都不能看做是西元七世紀初的東西。因此史上毫無聖德太子這個人物活躍的證據。谷澤氏認為捏

1 **物**：在谷澤氏的書中「物」是指現存物品，亦即現存法隆寺的釋迦三尊像、藥師像和中宮寺的天壽國繡帳，這三者的銘文。
2 **光相**：佛像背後的光芒，象徵佛或菩薩的智慧。
3 **三經義疏**：《勝鬘經義疏》、《法華義疏》、《維摩經義疏》。

造聖德太子傳說的是與編纂《日本書紀》有很大關係的藤原不比等，以及為了擴大法隆寺規模的僧侶行信[4]等人。

另一方面，田中氏把谷澤氏的書和大山誠一所寫的《「聖德太子」的誕生》（吉川弘文館，一九九九年）當作批判的對象，嘗試對「聖德太子虛構說」提出辯論。他最大的物證是二〇〇一年被公開的法隆寺五重塔心柱的木材採伐年代。根據年輪測定，公佈那是五九四年採伐的木材。這也就表示法隆寺是在聖德太子誕生當時就已經建好了，是無可動搖的證據。

田中氏針對谷澤氏主張的所有論點，提出並非完全都是正確的反駁意見。例如，「將代表作之《勝鬘經義疏》與來自敦煌的《勝鬘義疏本義》兩相對照，就可以知道是根據中國所寫的作品」這點，這是根據藤枝晃這位中國古文書學的巨擘寫於一九七五年的論文而來，田中氏以藤枝的理論「還不到結論」為由，批評這點並非學界的定論。來看看該氏的著作中，結論部分的主張吧！

雖然現在憲法修正成為一大議題，但是聖德太子的十七條憲法，才更應該確確實實地刊載於這個憲法修正案的前文中，以作為優秀日本人的精神上的規範。另外，《隋書》「日出處天子致書日沒處天子，無恙」的文字，是對等外交的象徵，應該成為現在外交的指南；而《三經義疏》是日本實行佛教的著作，要當作日本思想的根本來源才對。因此，法隆寺與其內諸像，現在應該視為可向世界誇耀的藝術作品，讓它大放異采。（前揭書，二〇四頁）

好了，你認為哪個說法是正確的呢？

4 行信：奈良時代的僧侶，致力於復興法隆寺荒廢的東院伽藍。

8♥ 對太子傳說擁護論的疑問

對於前一節所提出的問題，如果你馬上就思考該選哪個的話，很遺憾地，這就證明了你對歷史沒有感覺吧！歷史並不是選擇○或╳的是非題。如果遇到對立的兩種見解的情況，冷靜而客觀地比較兩者，確實看清各自具有何種論點之後，才能做出判斷。

仔仔細細讀了昨天的兩處引文後，應該可以發現他們的「論點」有微妙的差異。

谷澤氏對於長期流傳下來聖德太子的功績被廣為相信的內容，因為提不出確實的證據而含糊其詞；同時，光是思考這些傳說登場時期的政治和社會情勢，就說總覺得好像有會捏造這些傳說的人。雖然僕認為馬上斷定捏造的犯人就是不比等和行信等人是很危險的做法，但是對於的確是會因為這些理由，在某個時期出現傳說的這個想法，是有同感的。

另一方，也就是田中氏的看法，貫徹的是應該被稱為「聖德太子信仰」的理論。例如，關於《法華義疏》，儘管他寫道：「不論從書體或是文體來看，都是七世紀的產物，除了太子以外，作者幾乎不做他人想。換言之，聖德太子是存在的」（一四九頁），但為什麼說是七世紀所作，就馬上接著說「除了太子以外，作者幾乎不做他人想」？作者對此毫無解釋。

在其他地方也是，儘管法隆寺在世界文化遺產中可列為頂尖之列，但是這僅是田中氏個人的感慨而已吧！同樣列入世界遺產的寺院中，僕還比較推崇東大寺和東寺，不過這只是沒結果的爭論而已。田中氏強調建於七世紀的法隆寺的古老，當然，沒有被燒毀的確值得慶幸，但這是因為它位在斑鳩[1]這個偏僻鄉下地方，只是幸運沒有受到戰亂的波及而已（在昭和時代的大戰爭中都沒事了，竟然因為內壁整修的工程時沒有注意火燭，而燒掉了重要的金堂，真是太丟臉了！）。

僕在讀聖德太子論爭的書籍時，總是感到不可思議的是，經常會在書裡看到擁護聖德太子傳說論的人，為了擁護聖德太子的權威而拚死拚活的樣子。如果看到「〇〇是聖德太子死後很久之後才有的東西」（〇〇可以替換為法隆寺的佛像或天壽國繡帳、三經義疏），對他們來說，就好像無比重要的事物被玷污了似的，甚至有時候還試圖用情緒性的辯論來反駁。這就是前面所講過的「宗教」的樣貌。

實際上，因為聖德太子在佛教中是聖人，對於有僧籍、或是在家也篤信佛教的信徒

1 **斑鳩**：位於奈良縣北部。

而言，他是宗教上的信仰對象。所以，這種情況就和電影《達文西密碼》，或是薩爾曼・魯西迪（Salman Rushdie）的《魔鬼詩篇》一樣，也就是說，這些聖德太子的擁護者和那些當耶穌基督或穆罕莫德被嘲弄時，就會感到憤怒的人是同樣的，對批判傳說的人抱著厭惡之情。不斷對批評者的相反論點做人身攻擊，應該也是基於這樣的理由。因為谷澤氏在書中也有揶揄對手的地方，無疑形成了火上加油的情況。雖然爭論因此而更加有趣，但是對當事者來說，是相當嚴重的問題，關於爭論的話題就談到這裡。

最近有件讓我相當驚訝的事情，就是山川版的歷史教科書裡的內容。「女帝推古天皇即位，在國際關係緊張之下，在蘇我馬子和推古天皇的外甥**廄戶王**（聖德太子）等協力之下，推動國家組織的形成。」沒錯，聖德太子這個稱號被放在括弧裡，而廄戶王這個名字則便成了粗體字。這本書後面提到冠位十二階、憲法十七條，以及遣隋使這些政策的主詞，一定都是用「廄戶王」。另外在本文以外的史料引用處，關於《隋書》所記載的遣隋使文章注解，其中國王的名字「多利思比孤」[2]，變成了「不清楚指得是哪位天皇」。

聖德太子的信徒知道的話，應該會生氣吧！一定會的。不過因為原本他們自己就做了其他版本的教科書，下定決心要讚揚聖德太子殿下的功績，或許不會太在意。

僕對聖德太子傳說擁護論所感到的不對勁感，是來自將聖德太子譽為英雄以維持身為日本國民的自信這種態度。在前面引用的文章裡也提到，憲法十七條成了「傳授日本人的精神上的規範」；《三經義疏》被當作「是日本實行佛教的著作，要當作日本思想的根本來源」；還有遣隋使攜帶的國書成了「對等外交的象徵，應該成為現在外交的指南」。為什麼那樣的日本要被稱為日本呢？在廄戶王的時代，還沒有出現「日本」這個國號，因此，歷史家網野善彥寫了「聖德太子還不算是日本人」（當然因為這個緣故，網野先生曾陷入了猛烈的抨擊中）。

如同山川版的教科書清楚寫下的，當時的大和朝廷是處於「國際情勢緊張的情況下」。所以才會有遣隋使外交的必要。這個觀點卻被刻意忽視，只是彰顯被當作「日本的」驕傲之廄戶王。這種做法，無疑是幕末尊王攘夷思想的現代版。

大和朝廷是在東亞的國際情勢中誕生、成長。被當作是廄戶王的各種功績也有必要從這個觀點重新評價。下一章開始，回到話題的中心吧！就是應神天皇的時代（被塑造出來的時代）。

2 **多利思比孤**：《隋書》卷八十一列傳第四十六「東夷 倭國」記載之倭國王名字。

9♥ 神功皇后與卑彌呼的合體

應神天皇還在母親神功皇后的肚子裡時，就跟著遠征新羅；然後被母親抱在懷裡，討伐在大和的同父異母哥哥；後來一直在母親的攝政下過了六十九年，才終於即位。換言之，如果根據《日本書紀》的年代，那時他已經七十歲了。當然，從歷史事實的角度來看，是沒有相信的必要。

關於《日本書紀》所設定的年代，裡面寫到的神功皇后部分，是有明確的出處。即《魏志倭人傳》。

中國人陳壽編纂的《三國志》，統整了魏、蜀、吳三國各自的歷史。關於魏的部分稱為「魏書」，其中，介紹位於從中國所見的東方位置的各個民族的文章，統稱為「東夷傳」。然後在「東夷傳」裡面寫到關於「倭」的部分，通稱為「倭人傳」（這些完全是通稱）。因此，所謂的《魏志倭人傳》，是不知從何時開始產生於日本的俗稱，正式名稱應該叫做「三國志魏書之東夷傳之倭人條」。不過因為這名稱太長，在本書中還是沿用俗稱。

根據《魏志倭人傳》，正值西元二三九年的時候，倭國名為卑彌呼的女王，似乎派遣使者前往帶方郡，表達「向魏的皇帝致意」。帶方郡這個地方，現在雖然是北朝鮮境內的行政區域，在當時是屬於魏的直轄領地。中國與韓國（朝鮮）的國境，後來隨時代產生了變化。

所以，卑彌呼派遣使節到現在稱為北朝鮮領土的地方，打算向位於洛陽的魏皇帝表達親善之意。這做法有了成果，隔年魏封她為「親魏倭王」[1]，並派遣使者到她的國家。那裡就是在「倭」裡面被稱為邪馬台國的地方。邪馬台國的女王卑彌呼，她在西元三世紀半時，統治日本列島的一部分，這些記載於中國的史書，是相較之下可信度較高的史料。

《日本書紀》的編纂者們當然知道這段記載。儘管不知道他們是否直接看過《三國志》，但是除此之外的文章資料都是傳說的形式，三世紀時名為himiko的女王存在於邪馬台國的事實，應該是廣為整個東亞地區所知的吧！所以這段歷史記述是沒有辦法忽視

1 **親魏倭王**：《魏志卷三十倭人傳》：「景初二年（應為三年）六日，倭女王遣大夫難升米等詣郡。……其年十二月，詔書報倭女王曰：制詔親魏倭王卑彌呼，帶方太守劉夏遣使送汝大夫難升米。……汝所在逾遠，乃遣使貢獻，是汝之忠孝，我甚哀汝。今以汝為『親魏倭王』，假金印紫綬，裝封，付帶方太守假授。」

的。

接著，要來將她與神功皇后合體了。或者，也可以說原本神功皇后的傳說本身就是以卑彌呼為藍本所創造出來的。《日本書紀》中記錄神功皇后攝政的第三十九年到第四十三年（西元二三九年至二四三年），用了非常具有特色的記述方式。因為以日本國內的記事，都沒有這樣的特別記載，亦即用注解的方式引用了《魏志倭人傳》。

換言之，攝政三十九年的時候，寫了「根據《魏志》記載，那個國家的明帝景初三年時，倭的女王派遣使者前來朝貢」；隔年四十年時，「根據《魏志》記載，該國的官員被派到倭來」；四十三年時，也寫了「根據《魏志》記載，倭王仍有派使者前來」。可以看出編纂者引用鄰國的史書，並維持與該處寫下的記述的一貫性，使兩國的歷史認知一致的努力。特地在這裡說明異國的情況，「你看！中國那邊的史料也有這個時期日本是由女王統治的紀錄喔！神功皇后是世界上有名的人物吧！」並以此自滿。

像這樣，將《日本書紀》的記事年代與《三國志》比較之下，神功皇后以攝政之名治理國家的時期，的確是與卑彌呼的時代重疊了。這只能說是刻意所為了。然而，也因為這樣，不論是把她當做重哀天皇的皇后，或是跳過兒子應神天皇，在《日本書紀》裡，是將她視為事實上的天皇看待吧！但記載上卻成了「皇太后」。

攝政六十六年那年（西元二六六年）有以下這樣的記載：「這一年，（中國的）晉武帝泰初二年這年，關於這邊的宮廷紀錄寫著『當年十月倭的女王派使節前來』。」根據現在的研究，派遣使節到晉朝的女王並非卑彌呼，應該是她的後繼者。也就是說，實際上已經過了兩代的邪馬台國的女王治世，在《日本書紀》中卻統整為神功皇后一代的故事。

如果是這樣，不就顯示應神天皇出生七十年後也無法即位嗎？他那個時候並不是真的即位，若與鄰國的歷史紀錄配合來看，根據《日本書紀》編纂者的看法，應神天皇七十年間一直都是被籠罩在母親的陰影之下。

因為說明完了晉的宮廷紀錄，神功皇后終於結束在任。《日本書紀》中，在前述記事的三年後，亦即神功皇后剛剛好滿一百歲整數的時候，她就過世了。兒子應神天皇也剛好在七十歲整數時，也就是「古稀之年」即位。「古稀」是來自中國詩人的詩句：「人生七十古來稀」的用法。[2]

2 出自唐朝杜甫〈曲江〉詩。

10♥《論語》與《千字文》

《日本書紀》的第九卷全部都是介紹「氣長足姬尊」[1]，也就是神功皇后的事蹟。然後在她百歲逝世的之後，第十卷才開始談「譽田天皇」[2]，亦即應神天皇的故事。他在「皇太后」神功皇后攝政的第三年，也就是三歲的時候當上「皇太子」，往後六十六年間，都是皇太子的身分，後來才即位。然後他治理日本這個國家四十一年。

神功皇后時期的記載，包括開始與新羅等朝鮮半島的各個國家之關係、討伐在大和地區反亂的皇子們、還有記載於中國史書中的邪馬台國女王的部分。相較於這些，到了應神天皇的時代，記載一下子就充滿多樣性。光從這點，就可以反映出各種事件實際上的確發生過吧！如果一一詳細說明，這一章就沒完沒了了，所以這裡靠《日本書紀》以外的史書來做個歸納整理。

這裡要談的史書是十四世紀前半完成的《神皇正統記》。[3]這本書一方面主要是根據《日本書紀》，另一方面則只選錄編者北畠親房認為重要的事件。也可以說，這本書是由親房從《日本書紀》裡所記載的各種記事中，判斷何者重要而寫成的。我們可以從這本書回顧，親房這些過去的人物是如何把「天皇家的歷史」，而非「日本的歷史」傳承下來的。

關於應神天皇的事蹟，親房選了以下兩個例子。

第一個例子是博士從百濟來日一事。博士在《日本書紀》中是被稱為王仁的人物。王仁帶來原本在中國所寫的儒教書籍，而且應神天皇的皇太子菟道稚郎子也跟在他身邊向他學習。親房寫道：「儒教的書籍和文字開始在我國傳播，便是從此時開始。」

關於這個時候所傳播的儒教書籍，因為在《日本書紀》中只寫了「各種書籍」，所以親房也就沒介紹書名。不過在《古事記》中，卻詳實地寫出了《論語》和《千字文》。

《論語》是將儒教的開山祖師孔子對弟子們所說的話整理成格言的書籍，僕曾對你說「變得有志向學了」，那就是在《論語》中文言文中的「吾十有五而志於學」。如果是學習儒教的人，大概應該都要讀這本書，而且可以說實際上應該是被讀過的書吧！

另一個例子的《千字文》是被當作練習寫字用範本的教科書。練習寫字也就是只是

1 **氣長足姬尊**：神功皇后在《日本書紀》中的諡號。在《古事記》中則稱為「息長帶姬命」。
2 **譽田天皇**：在《日本書紀》中稱為譽田別尊。
3 **《神皇正統記》**：南北朝時代南朝的公卿北畠親房，於一三三九年，年幼的後村上天皇即位時所著，為宣揚吉野朝廷（即南朝）的正統性之史書。

用來學會漢字的寫法而已。所以這和對只需記得二十六個字母的寫法就好的英語國家的人不同，要用中文閱讀、書寫文章，就必須記得相當多的漢字。從這些中文字中選出基本的一千個文字，依照學習的順序被排列出來的就是這本《千字文》。

日本為了讓人學會假名，而有「伊呂波歌」。就是「I RO HA NI HO HE TO CHI RI NU RU WO」[4]，如果使用一些漢字，就會變成「色は匂へど　散りぬるを」（花豔香氣溢，終有凋落時），以日文來看，就可知道這是有意義的寫法。伊呂波歌以七言句和五言句交互穿插，也就是所謂的七五調，這種固定的形式，全部以四個部分構成。如果寫成算式：

（7＋5）×4＝48

所形成的這四十八個字，是全部必定只出現一次的排列方式。所以會寫「伊呂波歌」，就可以把全部的假名都練習到。非常厲害的做法吧！比起現在所用的「五十音順序」，寫「A I U E O KA KI KU KE KO」，要來得有趣而且容易記憶吧！雖然不知道是誰想出來的，但真是頭腦很好的人。因此，自古以來就流傳「伊呂波歌」的發明者是弘法大師空海。

這個「伊呂波歌」的漢字版就是《千字文》。一句四個字，而且兩兩成對，所以這八個字的固定形式共有一百二十五條。如果也寫成算式：

（4＋4）×125＝1000

比起僅僅四十八個字的「伊呂波歌」，真是天差地遠的規模，所以也非常不容易。舉開頭的兩句為例，即是「天地玄黃　宇宙洪荒」，意思是：「天空是黑的，地是黃的，空間無盡而時間漫長」。相較於「伊呂波歌」的一開頭「花豔香氣溢，終有凋落時」，怎麼看都氣宇恢弘，讓人有不愧是中國的感覺。僕在中學生的時候，書法課的老師用「天地玄黃　宇宙洪荒」這兩句當作教材，雖然他也解釋了這兩句的意思，當時卻一竅不通。那時《論語》已經是我非常愛讀的書了，但比起寫「吾十五志於學」的《論語》內容，《千字文》一開始的「空間無盡而時間漫長」，可以說很哲學也非常深奧吧！不只當作學習寫字的範本，應該也是學習儒教思想的教材吧！

4 **伊呂波歌**：漢字寫成「以呂波仁保部止　知利奴留遠」。

J♥ 消失的王仁博士

接著是關於《論語》和《千字文》的後續。這位來到日本教導皇太子們的人物，在《日本書紀》中的寫法是「王仁」，在《古事記》裡的寫法是「和邇」，讀做「wa ni」。僕以前第一次聽到「wa ni 博士」的時候，在腦中出現的是漫畫般、嘴巴尖尖的爬蟲類，頭上戴著學士帽，拿著長長的棍子、正在解釋寫在黑板上的困難數學算式的模樣。

沒錯，王仁是「博士」。現在作為 doctor 翻譯的單字「博士」，一般不念做「hakusi」，而會裝模作樣念成「hakuse」的這個字，也顯示出它是擁有古老來歷的單字。自神功皇后的「討伐」之後，了解到日本是個強國的朝鮮半島上的人們，便陸續派遣像王仁這類優秀的人才到日本，希望能夠貢獻所長——以上這個說法，是《古事記》和《日本書紀》所寫的故事，絕非歷史事實。實際上，因為這些來自朝鮮半島的人，才讓日本（應該說還是「倭」國）文明化。

像王仁這樣從外國來到日本，然後就此定居、後代子孫也一直在日本生活的人，稱為「歸化者」。現在在法律上也用「歸化」來稱呼原本是外國籍的人取得日本國籍、成為日本人的情況。不過僕非常討厭這個詞。原因是這個詞帶有「我將你視為我們這些優秀國民的夥伴，讓你加入我們喔」的傲慢意味。

「歸化」原本是儒教的用語。意思是因為某國的國王非常優秀，所以周邊諸國的人對他的仁德非常仰慕，想要成為那個國家的國民於是聚集而去。也就是說，從A國向B國「歸化」的意思是，嫌棄劣等A國的人，因為成為優秀B國的國民而非常高興。不覺得這就是一種傲慢嗎？

關於這點，近年來在歷史學上，改稱王仁這類的人為「渡來人」（移民者）。如此一來，就可以用價值中立的態度表現出事實吧！所以王仁是從百濟國「渡來」（移居）倭國。

不過以現實面來看，現在已經認為這個傳說本身就不是歷史上的事實。數年前僕在大學教書的時候，受到非常大的打擊。「儒教的傳來是由應神天皇時期的王仁前來所帶來的」這件事，以僕這個世代而言，從小學開始，歷史課都是這麼教的。然而，僕教的學生因為沒有被這麼教過，並非都有這種感覺。僕趕快買山川版的《詳說日本史》來翻閱。對於王仁帶來《論語》的記載，書中遍尋不著。「六世紀時，透過從百濟移居的五經博士，傳播了儒教」，這是現在最新版的描寫。另外，為了說明「渡來人」這個詞，在關於渡來人的祖先中，將王仁當做這些傳說中的人物，只用了附註的方式來介紹他的名字。他帶來《論語》和《千字文》的紀錄就這麼完全消失無蹤。

這的確是歷史上的事實吧！僕也尊重教科書的這種記載方式。但是令人擔心的是，如果這麼寫，《古事記》中為什麼要這麼寫的原因，以及它的象徵性就不會被傳承下去，甚至被忘記了。在歷史上，六世紀之後很久、其他的博士來日本之前，《論語》或許就不會被流傳了。但是在應神天皇之時，對因為發生過這件事、所以創作出傳說的人來說，應該是有自己的歷史認知。大陸的文化開始向日本傳播就是在神功皇后的三韓征伐之後、應神天皇的時期。理解那樣的傳承和神話，還有學習日本這個國家的形成，不也是非常重要的嗎？

Q♥ 蘇我氏祖先的故事

讓我們再回到北畠親房的《神皇正統記》，看看他對應神天皇時代的事件，記載了些什麼？

第一個是百濟博士的移民。然後另一個是武內大臣的故事。

武內大臣就是被稱為武內宿禰的人，他是神功皇后時代以來大和朝廷的重臣。神功皇后在大和東征時，他擔任補佐役，非常活躍，而且因為深受信賴所以無事不找他商量。不過，到了應神天皇的時代，宿禰的弟弟跑去說哥哥的壞話：「我哥哥恐怕已經打算要取陛下的性命。」兄弟倆關係一定很差吧！

而應神對此話深信不疑，打算殺了武內宿禰。不過，當時宿禰的家臣當他的替身而死。宿禰直接去見應神，並說明那些並非事實，於是在天皇面前展開兄弟的辯論。應神沒有做出判斷，而是採用在諸神面前的試探熱水儀式。所謂的「盟神探湯」是一種古代神聖的審判方式，就是把手放進滾燙的熱水中，獲得諸神的保護而免於燙傷的，就被認為是正確的主張。結果宿彌獲勝，透過諸神而讓真相大白。因此，宿彌重新復任大臣之職，成為後來蘇我氏的祖先。

武內宿彌為蘇我氏祖先這件事很重要，因為在聖德太子，也就是廄戶王的時代指揮大和朝廷的就是蘇我馬子。儘管蘇我氏本身也被認為是渡來人，所以擁有來自大陸先進文明的知識和技術。關於武內宿彌活躍於開始與大陸交涉的神功皇后、應神天皇時代的記述，不也正好可以反映蘇我馬子輔助推古天皇與聖德太子的說法？

不只是這段故事，史書自古以來就很有個性。反倒是現在的教科書，從這點來看應該不算是很自由。在現代這個時間，並從日本國這個空間眺望，被寫下來的是反映過去且只考慮到自己的故事。如果坦率地寫下對自己不利的故事，就會受到「沒必要特地把這種東西教給小孩子，歷史應該是以要讓他們抱持愛國心為目的之內容，而不需要那種給自己找麻煩、自我虐待的東西」這種指責。

在北畠親房的《神皇正統記》裡，在王仁的故事之後，親房披露了一段很長的自我歷史認知。他主張：「日本是比中國和韓國還更古老的國家，但竟有同行說日本人的祖先是來自大陸，這是大錯特錯。」以現在的「自虐史觀批判」[1]的觀點來看，好像有似曾相似之處吧！不過這個主張因為親房的得意忘形而失敗，並沒有成立。親房雖然說「中國的史書《唐書》裡也記載了日本的神代」所以可見這是事實，但是這個文獻只是記錄從日本去的僧侶向那邊的人所說的內容。

這些人說到外國書籍文件中把自稱「日出處天子」寫了出來，就欣喜若狂的樣子，難道不覺得可恥嗎？而且僕對於現在這種人多不勝數也感到很可恥。你千萬不要做這種可恥的事情喔！

1 **自虐史觀批判**：指批判、否定太平洋戰爭後，流行於日本歷史學界的歷史觀，強調本國歷史中的負面部分，被認為是貶低日本的歷史觀。

K♥ 從倭國到日本

接下來要談得是「倭」國的故事，差不多也要前進到「日本」誕生的時期了。

在應神天皇逝世之後，他的兩個兄弟互相推讓天皇之位。因為這件事就發生在武內兄弟的骨肉相爭之後，所以令人耳目一新。兄弟相讓的結果是弟弟菟道稚郎子自殺，而哥哥即位，是為仁德天皇。

從這個稱號就可以知道，這個人是充滿慈愛的大王，據說他因為了解庶民的生活處於窮困之中，便多年不收稅。

應神、仁德之後的大王們，在中國的史書《宋書》中，被當作「倭國王」來介紹。因為總共有五個人，所以稱為「倭五王」[1]。如果《宋書》是可信的，則倭五王就是五世紀時的人。但因為與《日本書紀》的紀年有微妙的差異，所以這五個人當中，誰是最早的兩個大王，至今仍眾說紛紜。

五王中的最後一位是武，也就是雄略天皇。根據《宋書》所載，武曾上書請求中國的皇帝：「因為我們歷代祖先非常努力的經營，請認同我們對朝鮮半島的實質控制權。」

他也以臣下之禮，接受「倭國王」的封號。但是在此之後，中國的政治局勢也陷入紛亂的局面，倭與中國的外交紀錄也就中斷了。是實際上就不存在，抑或只是單純的紀錄遺失，就不可得知了。總之，之後出現關於中國方面的紀錄的就是那個聖德太子了。不過這已經相隔百年之久，所以也被稱為「空白的六世紀」。

即便只有在《日本書紀》裡有六世紀的記載，但當時的確是政治上的大變動時期。包含雄略天皇的即位在內，在天皇家內部，血債血還的抗爭也持續擴大中。應神逝世時還有那種謙讓的美德存在，後來到底是怎麼回事呢？

互相殺來殺去或許是怨靈作祟，最後仁德的子孫全部滅絕了。這時候是由應神遠房的子孫，從現在的福井縣被帶來即位，稱為繼體天皇。另外，這位大王幾乎沒有進入大和。也有歷史學者解釋為這是朝廷內部有根深蒂固的反對派之故。另外也有更加偏激的研究者，認為「繼體是應神的後代子孫一事純屬虛構，實際上這是王朝交替會發生的事情」。

僕並無法判斷哪一種說法才正確。不過根據《日本書紀》的記載，在繼體後面即位

1 **倭五王**：《宋書》卷九十七〈東蠻傳〉「倭國」條：「倭國，在高驪東南大海中，世修貢職……」，這段裡面介紹了倭國五個國王的承繼，五王是讚、珍、濟、興、武。

的兩位大王（都是繼體在福井時所生的孩子）的短暫治世之後，是由與有著原本的大和朝廷大王家血脈的皇女之間所生下的皇子即位。這就是欽明天皇。

在這位天皇的時期，前面也提到過的佛教傳來，來自百濟的五經博士移居這裡，並傳播儒教之事，就是在這位大王在位的時候。然後在這之後，他的四個孩子依序即位，其中最後一位就是推古天皇，那個時候聖德太子被稱為廄戶王，這些都已經在前面說過了。

廄戶王逝世後，大王之位由推古傳給舒明。他是敏達的皇子，也是廄戶的侄子。舒明的皇后也是姪女，但是在下一任的皇極天皇，是繼推古之後的第二位女帝。但是，如同前述，如果有「身為皇后，在丈夫死後擔任君王的工作」的做法，那麼最早的例子應該就是神功皇后了吧！

原本天皇也好、皇后也罷，或者皇太子、攝政這些稱呼，只能說都是在八世紀編纂而成的《日本書紀》裡所用的稱呼。這些稱號是由中國傳來儒教後才開始被使用的。對這些稱號的意義、儒教名分秩序中的感性，大部分都是六、七世的大王們所不具備的。

儒教式的國家建構，從西元六四五年的宮廷資料揭開序幕。沒錯，就是大化革新，至此，倭國的歷史終結，開始進入真正的日本國誕生的故事。

寶之章

遣唐使船

A◆ 改新之詔是何時作成的？

大化革新是在西元六四五年時，以中大兄皇子與中臣鎌足為中心，發動蘇我入鹿暗殺事件之後，一連串的改革政治。那個時候用「大化」作為第一個年號，而且在其他各種意義下，成為和現在息息相關的日本國誕生的契機的政治運動。

蘇我入鹿是馬子的孫子、蝦夷之子。他們祖孫三代都是大和朝廷的掌權者。六四三年時，蘇我入鹿攻滅了廄戶王（聖德太子）的兒子山背大兄王，權傾朝野。中大兄皇子是當時皇極天皇（女帝）之子，因為厭惡入鹿那種旁若無人的蠻橫，於是藉由來自高句麗、百濟、新羅三韓的使者晉見天皇、舉行儀式之際，唱名點到入鹿時，趁其不備暗算他。中大兄看到指派的殺手猶豫不決，遲遲無法下手，便自己揮刀砍了入鹿。入鹿是因為受皇極天皇所託而執政，結果卻被殺了。中大兄一派立刻繼續攻擊蘇我氏宅第，並殺了蝦夷。

政治權力因此移轉到中大兄手中。皇極天皇不久即退位，由她的弟弟孝德天皇即位。中大兄成為皇太子，任用中臣鎌足等人，開始國家制度的改革。改革一開始最具象徵的政府公告就是大化年號的制定。入鹿被暗殺是在六月十二日，孝德則是在十四日即位，大化年號的發佈是在十九日，僅僅不到十天的期間，就開始閃電般的作為。

隔年，大化二年（西元六四六年）的元旦，以孝德天皇之名，發佈了關於未來政治改革的施政方針。《日本書紀》第二十五卷大篇幅地引用、介紹了全文。施政方針共四條，一般稱為「革新之詔」。這四條內容分別為：公地公民[1]、國司制度[2]、戶籍制定[3]、改制稅制[4]。當然，《日本書紀》所記載的內容全部都是用漢文寫成，因為除此之外沒有其他史料，所以關於「改新之詔」的討論不得不仰賴《日本書紀》。

過去這個詔文的發佈與其內容，完全被視為史實而深信不疑。神武天皇即位也好、或是應神天皇的大和東征成功也罷，至少在《古事記》和《日本書紀》都沒有特別顯示這些人的施政方針，另外，聖德太子、即廄戶王的憲法十七條，雖然有寫到官僚們的心得，但也沒有敘述政策的部分。革新之詔的意義在於這是自大和朝廷開始以來，第一次

1　**公地公民**：將皇室、豪族私有的土地及人民，改為公有土地及公民。
2　**國司制度**：全國土地劃分為國、郡、里三層組織的行政制度。國司為中央派遣掌理地方的官名。
3　**戶籍制定**：設立戶籍，防止出現盜賊與居無定所之人。
4　**改制稅制**：例如依田地面積課稅的租稅制等。

有明確的政策提出。到了明治維新的時候，所發佈的「五條誓文」[5]即是參考這個革新之詔所做出來的。

另外，如果仔細檢視詔文的文字，這份詔文加進了很多在大化二年的時候，不可能會想得到的表達方式。最大的問題是詔文裡，在國司的下面設置郡司的條目，根據研究的結果，已經知道大化年間還沒有「郡」，而是使用「評」這個字。

根據這點，革新之詔被認為應該不是出自西元六四六年，而是在編纂《日本書紀》之前的期間所作成的。但是，反過來說，也有人主張：「這樣的分歧，是《日本書紀》的編者改變表達方式，將評改為郡，只是為了修飾文章而已，所以這個詔文出自那個時候是歷史上的事實。」目前對此還沒有定論。

如僕在前面所說，因為《日本書紀》是基於八世紀初期那時候的歷史認知所作的故事，所以這個革新之詔說不定也不是出自西元六四六年的文件，而是在數十年後，《日本書紀》編者自己的創作。為什麼會這麼認為，是因為在此處敘述了《日本書紀》的編纂，以及同一時間進展中的律令體制之基礎。

所以事情就是如此。過去都認為消滅蘇我氏就是開始改革的時候，發佈革新之詔、表明長期的政治目標，然後隨著律令制度的導入與建構，於七〇一年的大寶律令時開花結果。如果從長時間來看，大化革新指的就是七世紀後半這整個政治運動。但是反過來看，從律令完成的時間點反推回去，革新的起始點始於討伐蘇我氏，而且之後立刻在現實中，預先把後來循序漸進的一連串政治改革寫成計畫，也就是所謂的革新之詔。所以並不是因為有了革新之詔才有公地公民與國司郡司制度，而是因為制定了公地公民與國司郡司的制度，完成律令，之後才把改革的根本計畫作成革新之詔，然後在大化二年頒佈。

《日本書紀》第二十五卷中，在革新之詔後面，鉅細靡遺地記載了大化年間所施行的各種政治制度改革的樣貌。這可說是在《日本書紀》第二十四卷之前未曾出現的特徵吧！歷史的記載方式在這個地方產生了變化。不再是應神天皇以來接連出現的大王家繼承問題和豪族彼此的勢力之爭這種糾纏不清的紀錄，而是描寫出朝廷團結一心、邁向創造新國家的樣子。

大化六年（西元六五〇年），位於現在山口縣的國司向朝廷進貢了一隻白色雉雞。流亡的百濟王子和佛教的高僧們，因在中國和韓國過去也有類似的例子，所以他們認為這種神聖動物的出現，象徵著有英明的君主治理天下。因此，朝廷中進行了誇張的儀式，發表把年號從大化改為白雉的詔書。之所以會知道得如此詳細，是因為《日本書

5　**五條誓文**：一八六八年明治天皇登基，頒佈五條誓文，宣告國是方針。

紀》中，非常冗長地說明了這段改年號的經過。

對我們近代人而言，「出現白色雉雞」應該不會造成如此大的騷動吧！頂多是在電視上當作稀奇的新聞報導而已。我們決不會想到會有類似新聞的某版頭條「山口發現白雉！」、「白雉今天到達皇宮」、「在宮內的庭園裡放出白雉」等，「藉此機會改年號──政府內部的意向堅定」這些標題。但是七世紀中葉的大和朝廷，就是這樣的世界。

在近代的歷史學上，公地公民與國司郡司制度，或者是戶籍和稅制的改制，那才是革新之詔所要表達的，或者說更值得關心的是對國家統治結構的解析。在中等教育的學校也是一樣，學生們擁有那方面的知識，才能打從心裡了解日本這個國家應該要如何發展。在山川版的教科書也把革新之詔當作部分的史料來引用，如下面引述的原文，可以說明這其中的經過。

六四六年（大化二年）正月，在「革新之詔」中，發表了廢止豪族私有田舍和人民，改行公地公民制的政策。除了以全國性的人民、田地之調查和實行統一稅制為目標，在各地設置名為「評」的地方行政組織，同時也改制中央官制，營造規模龐大的難波宮。在王權和中大兄皇子的權力急速擴大之下，推動了中央集權化。這個於孝德天皇時代的各種改革，稱為大化革新。（三二──三三頁）

關於白雉改年號的話題，在這裡完全沒有出現。但是僕不認為你們不知道也沒關係，相反的，這是你們應該知道的事情。原因從很早之前就已經告訴你們了。

2◆官人的誕生

現在是大學考試的季節哪！對你來說，該是三年後的事了。僕的同事和朋友，他們的小孩很多今年就要參加大學考試。至於為什麼會有入學考試，這是因為想從學力上選出優秀的人才來教育。如果教學的對象是誰都可以，就沒有入學考試的必要了。「希望想要學習的欲望能夠得到認可，所以用筆試的方式與他人競爭，選擇分數較高者」——這就是入學考試的結構吧！不只是大學入學考試，公務員任用考試、一般企業的就職測驗也是一樣，在合格者的人數有限這點上，和入學考試是一樣的制度（這個意思就是與醫師、律師等特定的各種資格考試是不一樣的）。而且，像這種競爭式的考試，並不是從最近才開始有的。

七世紀後半的政治制度改革也包含了這個部分。過去豪族們根據自己的家世就可以擔任朝廷公職，因此有祭祀的門第、軍事的門第、外交的門第的世襲方式。但律令制度與世襲制度不同，由天皇和其政府一手包辦的官僚人事任用，基本上不再根據家世門第，而是改為依據個人的才能任用優秀人才。當然這原本在中國的制度中，也是基於皇帝為了方便控制官僚讓他們認真工作的意圖（實際上，中國雖然家世門第也能發揮影響力，但現在也講求制度了）。這就是一般所稱的「科舉」制度。

如果要仔細來談科舉，不另外寫一本是講不清楚的（關於科舉，目前還沒有哪本書可以超越宮崎市定的《科舉》這本超級名著，請去看這本）。這裡只能大致地談一下官僚根據書面考試採用的制度。

在現今的日本史學中，好像把在古代朝廷中工作的官僚稱為「官人」。官人大多是豪族出身。過去並沒有耕田的農夫或是在船上工作的漁夫突然被召去當官的。不過官人們與過去的大和朝廷的組織成員性質並不相同。

第一，他們並不是以自己出身氏族的代表的身份，而是在天皇身邊擔任公僕的角色。也就是說，他們不是為了自己的私利私慾，而是為了日本這個國家來工作的。

第二，他們是使用文字（漢字）、做文書行政工作的負責人。改造律令時必須同時將個別具體行政事務的做法文書化，所以他們必須具備能夠改寫過去文章格式的文書寫作能力。而且並不是根據個人的意志去做，而是被要求要具備能夠忠實地執行中央政府政策的能力。

第三，這些官人能夠獲得對價的酬勞。實際上僕並不清楚這能產生什麼樣程度的效果，不過至少原則上，官人是一種可以因應他們的職務和勤務獲得對等酬勞的組織。

西元六四七年，朝廷發佈了冠位七色十三階的制度。最高位是大織冠，以下依序是小織、大繡、小繡、大紫、小紫、大錦、小錦、大青、小青、大黑、小黑、建武，依照七種顏色再各分大小兩階（最下位的建武則沒有這個區別）的「七色十三階」。這個和推古天皇時的冠位十二階很像吧！

不過取名方式和每個位階之間的區別，與冠位十二階是很不一樣的。如果推古時代以來一直是採用冠位十二階的話，這就可以說是改變冠位十二階的制度了。因此，自古以來，一直有這兩者之間關係的研究。只是僕覺得這些考證並沒有太大的可信度。因為僕認為所謂推古時代的冠位十二階，只是《日本書紀》編者假託聖德太子的創作罷了。在歷史上，這個大化革新時代的制度應該是第一次被制定下來的官人職階制吧！

之後，根據六四七年的制度，依據職階的細分，不斷進化，六四九年為冠位十九階、六六四年出現冠位二十六階，最後被規範在律令上的是從正一位開始，到少初位下為止的三十階制度誕生（在這期間，六八五年雖然出現了諸臣四十八階，不過因為分得太細，連僕也無法理解）。

因此，所有在朝廷工作的官人，上至大臣，下至書記、郡司，都在同一個體系內被序列化。雖然皇族從前面介紹職階制的改變過程中，被移到其他的位階序列，但是一般臣下都還是一樣被放在「大王」下面的位置。所以「大王」也因此變成了「天皇」。

順帶一提，大化革新的功臣中臣鎌足在死前依照他的功績被封到制度中的最高位「大織冠」，並賜姓藤原（這就是你媽媽的娘家姓氏由來）。

3 ◆ 天智即位之年

今天是二月二十六日，對日本陸軍年輕士官們來說是政變紀念日（coup d'etat，二二六事件）。在關東南部是一年中最容易降雪的季節，一九三六年的今天也不例外。九段的年輕軍人們高喊「昭和維新」，他們認為明治維新的成果被腐敗的政治家和財閥奪走，因此他們想要恢復維新的根本精神，實現理想的天皇統治。僕認為，他們並不是因為個人私利、私慾、權力慾望才起義的。當然，就算是這樣，奪走政界重要人士生命的行徑也不會被認同。

前面已經說過，明治維新以後，大化革新成為明治維新的原型。所以年輕軍人們才會抱持著「大化革新像」，並把它當成一種理想。就像中大兄在天皇面前暗殺了蘇我入鹿，他們應該也相信斷送誇耀權勢的政治家的生命，都是為了昭和天皇吧！

現在一般也認為大化革新的主角是中大兄皇子。但是也有部分人士對此抱持批評、修正的態度。相對地他們認為主角應該是孝德天皇才對（在遠山美都雄《大化革新》、中村修也《虛假的大化革新》等書中有詳細說明）。這種看法應該才是正確的吧！

即使六五四年孝德天皇逝世，應該是皇太子的中大兄也沒有即位。取而代之的是中大兄的母親、孝德的姊姊齊明天皇即位。她就是前面的皇極天皇，這是她第二次即位。

這個時期，在朝鮮半島上，新羅與唐朝結盟，擴大勢力、壓迫百濟。朝廷決定援助百濟，所以在西元六六一年由天皇親自前往九州。但是她在遠征前就過世了。那一年中大兄雖然繼承了皇位，但卻沒有正式的即位，然後在六六三年就面臨了白村江的海戰。

唐與新羅的聯合軍隊大敗了日本與百濟的聯合軍隊。百濟滅亡，日本則是喪失了自「倭五王」以來在朝鮮半島的勢力。之後，中大兄接受了來自百濟的流亡者，朝向技術革新、改革制度等內政的變革邁進，在六六八年正式即位。在此之前我們都稱呼他的名字，但現在他就是天智天皇了。

天智天皇非正式即位的六六一年，在日本歷史年代的設定中，是值得紀念的一年。因為以這一年為基準，決定了神武天皇的即位年（也有一說是以六〇一年的聖德太子攝政期為基準）。

你知道漢字「干支」嗎？現在的日本也有「子、丑、寅、卯、辰、巳、午、未、申、酉、戌、亥」這十二支就稱為干支的說法，而「干」的部分已經被遺忘了。干是「甲、乙、丙、丁、戊、己、庚、辛、壬、癸」這十干。僕出生年分是壬寅，你則出生於癸酉，二〇〇八年是戊子年。所以六六一年就是辛酉年。

十干十二支的十和十二的最小公倍數是六十，所以干支的組合共有六十種，換言之，六十一年後就會輪迴到同樣的干支。所以到了六十歲，從這裡開始重生，因此稱為「還曆」。

因此也有人認為中國古代在辛酉年和甲子年有很大的變革也是這個緣故。這兩年的變革稱為「辛酉革命、甲子革命」。從八世紀到十九世紀，這兩個干支之年，幾乎都會出現改朝換代，政治好像隨著時間更新似的。

所以，這個六十年的一個循環，如果重複二十二個（也就是一千三百二十年會遇到一次），被認為會有更大的變動出現。因此，從天智即位那年的辛酉年（西元六六一年）開始回朔的話，西元前六六〇年，也就是神武即位之年了。

到這裡，像即時上課一樣閒聊一下。

從西元六六一年開始，不看過去，而是往未來前進一千三百二十年的話，也就是最近的辛酉、西元一九八一年。這一年日本有什麼大的變動嗎？這是個非常困難的問題，但是實際上，答案是肯定的。現在可能誰也沒注意到，但是總有一天，這一年發生的事一定會成為重大事件，讓世界上的人恍然大悟地說：「啊！那年發生了那件事啊！」一九八一年那年，小島毅這個男子的東京大學入學考試合格了。（前面已經說是閒聊了吧！但是閒聊歸閒聊，干支的結構千萬不能忘記喔！）

不過，儘管這麼說很煞風景，但也有人認為發生大變動「並不是六十年二十二個」，「而是六十年二十一個（一千二百六十年）」。因為如果照這樣看，回溯的基準就變成了六〇一年（聖德太子的攝政期間）了。

4 ◆ 內亂與女帝

前一章花時間說明干支的話題，故事的進行好像有點延宕，或說已經拖了太久了。我們現在才到七世紀中葉而已。

不過別急，到達六六一年的天智即位之前，已經過了神話上的建國以來「一千三百二十年（60×22）」，如果以一九八一年「小島毅的大學合格」作為其中一個終點來看，可以計算出剛好達到一半的時間。很厲害吧？

向中國學習政治制度和理論，訂定「日本」這個國號，作為國家，大和朝廷已經整裝待發了。祥瑞改元或是辛酉革命論，也是向中國學來的事物之一。

繼七世紀初期的遣隋使之後，被派遣到中國的遣唐使（六三〇年、六五三年、六五四年、六五九年、六六五年、六六九年），帶回來自唐朝的資訊。同時也重啟與曾在白村江對決的新羅之外交關係，使節互相往來。因此，律令的編纂工作繼續進行，在六八九年的飛鳥淨御原令之後，七〇一年完成了大寶律令。如前面所述，在這個時間點，天皇稱號和年號也都齊備了，到現在，日本國的樣貌才準備妥當。年號也是從大寶之後就沒有斷過。

不過在這中間，還是有產生天皇家的內部抗爭；而且在和六世紀相異的大規模軍事抗爭中，出現「壬申之亂」。壬申也是干支，時值六七二年。

壬申之亂是天智天皇的弟弟與兒子之間展開的繼位者之爭。因為《日本書紀》是以勝利者天武天皇（天智的弟弟）的立場來編纂的，所以說不上是公平的記載。但是沒辦法，對於應該在天智之後即位的兒子大友皇子的治世，什麼也沒提到。因為他並沒有即位，所以天智之後是天武，這是《日本書紀》以來的天皇年表中的排列方式。在研究者之中，也有認為這本史書的編纂是為了將壬申之亂正當化的關係。

批評這種天皇年表的排列方式的是江戶時代的《大日本史》。前面也提到，這本史書的三大特點之一就是「認同大友為天皇」。之後，到了明治時代，大友就被授與弘文天皇的名號。

在壬申之亂取得勝利的天武天皇，手中握有強大的權力，柿本人麻呂做了一首有名的和歌：「大王如果是神，就可以在天上的雲雷之間蓋宮殿了吧。」大王就是天皇，以人之姿現身的神樣貌受到崇拜。

天武死後，在他眾多的妃子間所生的皇子中，誰能夠成為繼任者，變成嚴重的問題。在壬申之亂中，幫助丈夫天武的持統天皇（天智之女），得到藤原不比等（鎌足之子）的幫助而即位，等待她的兒子草壁皇子長大成人。不過，因為草壁年紀輕輕就死了，結果變成她讓位給孫子文武天皇。但文武也在年輕時就過世，在等待他的兒子長大前，先由元明、元正兩代女帝繼承，直到七二四年聖武天皇才即位。

聖武天皇的時代，也根據他的年號稱為天平時代。他實行佛教保護獎勵政策，包括建立奈良的大佛，也在全國各地蓋了國分寺、國分尼寺。不過這麼做卻沒有保佑皇子平安長大，在他二十五年的治世之後，讓位給女兒孝謙天皇。她曾經一度讓位給淳仁天皇（天武的孫子，舍人親王之子。舍人親王是《日本書紀》的總編輯）後來又廢了他，自己復位，改稱稱德天皇。

到這裡，從推古開始，皇極（齊明）、持統、元明、元正、孝謙（稱德），共有六位八代的女帝繼承天皇之位。自推古即位（五九三年）到稱德逝世（七七〇年）的一百八十年間，可以計算出大概有三分之一的時間是由女帝統治。推古之前並沒有女帝，稱德之後的下一個女帝則是江戶時代的明正天皇，所以這段期間是非常引人注目的（原本推古天皇之前的紀錄不算是史實，所以沒有太大意義）。另外，在明正之後，十八世紀後半的後櫻町天皇，以現在來看，是最後一位女性天皇。

關於古代的女性天皇，有各種研究者參與討論，但要歸納整理來介紹並不容易。不過，在此僕想要批評的是，這並不是只有日本才具備的特性。新羅也曾有女王活躍的時

第三十四~第五十代天皇世系圖

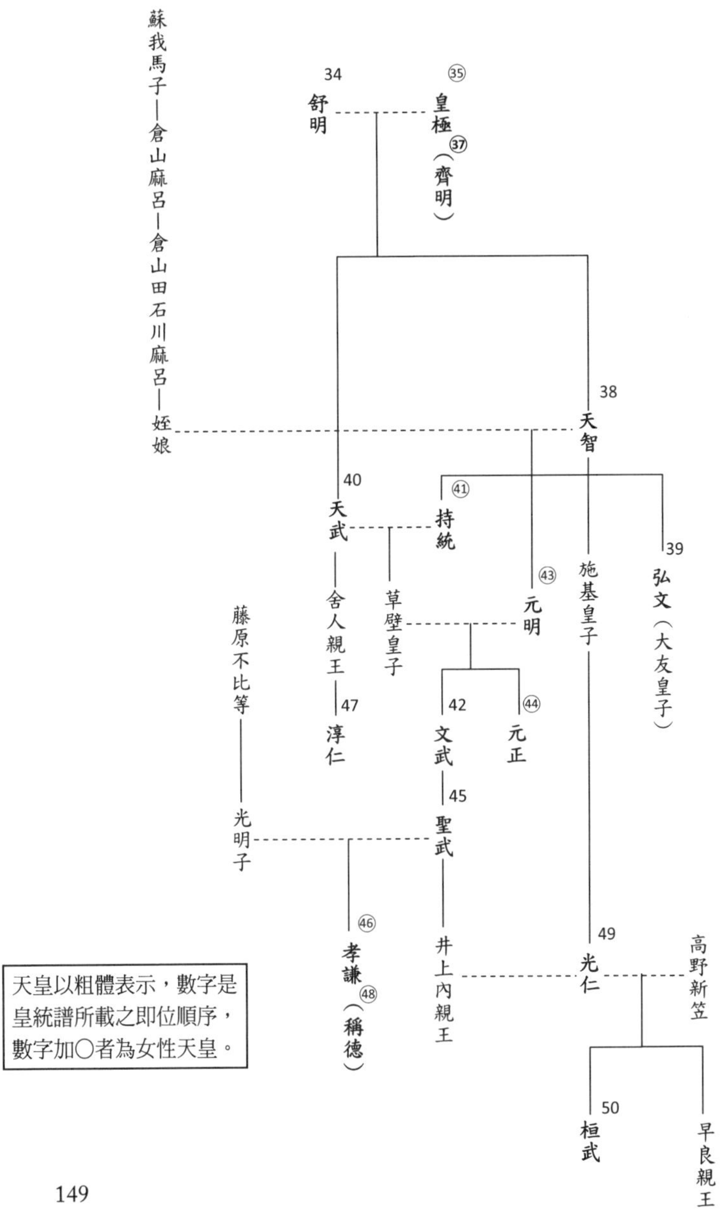

期，更何況，位在那個時期的東亞文明中心的唐朝，也出現武則天，她是中國史上唯一的女皇帝。

相隔約三十年後，七〇二年派遣遣唐使。在前年完成大寶律令的背景下，被認為是為了去宣告「我們不是倭，而是日本」，所以派使節過去。但是這個使節團，嚴格來說並不是「遣唐使」。因為那一年，「唐」這個王朝並不存在。這個使節團要前往的不是唐而是周。武則天即位之後，就將國號改為周了，所以正確來說是「遣周使」才對。

容許女性成為君主的風氣，只有在七、八世紀的東亞而已。為什麼會如此的討論，似乎還在進行中，尚未有結論。所以僕認為，這個問題不應該只是在日本國內被當作女帝論拿出來討論，而應該是要從世界的角度把它當作一種現象來看待。

稱德天皇死後，天武天皇的直系血統就斷絕了。因此由天智天皇的孫子光仁天皇即位。這位光仁的兒子就是有名的桓武天皇。他的母親（光仁的妃子之一）被認為有百濟的血統，所以原本在光仁的周遭就有來自渡來系氏族的勢力環伺。

桓武天皇進行遷都平安京，因此到了明治時代，平安神宮的建設以及那裡的祭神儀式也是由此而來。遷都之年是「黃鶯在歌唱（七九四）[1]，平安京」。根據你媽媽的「學說」，建造了後來持續千百年的京城、現在也是日本首都的桓武天皇，在日本歷代的天皇中，應該算是最偉大的一位了吧！

為什麼這麼說呢？因為平家的祖先，也就是僕的祖先。這不只是說笑而已。將「日本的歷史」從「天皇家的歷史」分割出來的原因之一，就是很多日本人都認為自己是天皇的子孫。平家是從桓武天皇分出來的，源氏則是來自平安時代的天皇們（清和天皇和宇多天皇）的親戚。如同前面在《日本外史》的介紹中所批評的，江戶時代後期的日本人，家譜上的祖先不是源氏就是平家或藤原氏。這麼一來，自己的家族根源就可以連到古代的天皇家的故事了。雖然完全是一種裝飾性質，但是在家譜的頂端放上了「葛原親王（桓武天皇的皇子）」的字樣，也為我們小島宗親的家譜增添不少光輝。

僕想要告訴你的不是「天皇中心的日本史」而是「在東亞之中的日本之歷史」，所以到目前為止花了相當大的篇幅在「天皇家的故事」上打轉，但這是為了要讓你們清楚認識蘊含在那些故事裡的問題。接下來，就要用稍微不一樣的方式來描述從桓武天皇開始的平安時代了。

1 原文「鳴くよ（七九四）」這裡有諧音的意思，方便記住遷京的年份。

5◆圓仁的大旅行記

西元七五五年，唐朝的將軍安祿山發動叛亂。他以現在的北京為根據地，擁兵自重。安祿山的軍隊以首都長安為目標開始進軍。隔年，玄宗皇帝放棄防衛首都，和近衛兵一起逃往四川省避難，安祿山就自行稱帝。但是不久後他被兒子所殺，軍隊內部分裂，加上異族軍隊協助唐皇帝，原本居於劣勢的唐軍隊反敗為勝奪回長安。那場大叛亂終於在七六三年平息。

不過這個事件動搖了唐的根基。之後雖然這個王朝維持了將近一百五十年的命脈，但卻無法再回到當初那樣的繁華盛世。這不只是單純唐朝一代的問題。因為以這個事件以及在此前後的社會變化為界線，可以大致將西元前三世紀的秦始皇即位以來，到一九一一年的辛亥革命為止的兩千年統一王朝的歷史，分為兩個部分。而且還不只是這樣，整個東亞都因為這個事件而面臨到相當大的變動期。

原本安祿山就不是漢人出身，他是在絲路上經商的粟特人[1]。另外，幫助唐朝的維吾爾軍隊，也是西方的遊牧騎馬民族。唐之所以可以稱為世界帝國，就是因為有這些漢族以外非常活躍的民族。他們儲備勢力，因而能登上舞台。不只是他們，唐周邊的其他民族也是各自獨立培育具有當地特色的文化。

這就是日本在桓武天皇於七八一年即位時的國際情勢。那一年，在兩年前出使的遣唐使回國了。根據保立道久的說法，這個遣唐使讓唐朝知道桓武是皇太子，而且在日本國內也是以紀念這件事為目的才派遣使者過去的（《黃金國家》，青木書店）。

到這裡，讓我們來整理一下從奈良時代開始的遣唐使的歷史吧！

之前提到過在大寶年間，西元七〇二年派遣遣唐使的事情。七一〇年遷都平城京之後，到七一七年才派第二次的遣唐使。這次的船隊中還有阿倍仲麻呂、吉備真備、僧玄昉等學識優秀的留學生同船前往。

吉備真備回國後，成為傳說中的大學者「吉備大臣」，玄昉則是成為佛教界的重要人物。只有阿倍仲麻呂終究沒有回國[2]，你知道在百人一首中常被用到的詩歌「遙望廣

1 **粟特人**：原本以涼州（今甘肅省武威市）為大本營的粟特人，活動的範圍東到洛陽，西到敦煌，經營中國絲綢等商品，藉著絲綢之路，到中國進行貿易活動。唐朝時逐漸東遷，因此唐朝出現不少唐化的粟特人，包括安祿山、史思明在內。後來幫助唐朝平定史思明亂事的李抱玉，也是祖先遷居到武威的粟特安國後裔。

2 **阿倍仲麻呂**：中文名晁衡。以留學生身分入唐，受唐玄宗器重。在七五三年回日本途中遇到颱風，漂流至安南，沒能回到故鄉，最後客死長安。

闊的天空，在奈良的三笠山，正是月圓時」，就是因為他對家鄉的思念所寫下的。另外，這首詩歌所歌詠的地點，正是他在為了回國而準備啟航的港口，也就是是現在的寧波。

吉備真備與玄昉是隨著隔年七三三年的遣唐使回國時一起離開的。吉備真備在下一次七五二年的遣唐使節團中，以副使的身分再度前往唐。這個使節在隔年陪同鑑真返國。再下一次的遣唐使是七五九年，也就是剛好在前面介紹過的安祿山之亂正盛的時候。那個時候，規模小到只有一艘船。雖然接著在七六一年、七六二年也有派遣的計畫，但是都中止了。然後到了桓武之父光仁天皇七七七年的治世之時，雖然派了下一次的遣唐使，但四艘船都遇上海難漂流無蹤，並沒有到達唐。到了七七九年的遣唐使，應該可以說一改過去的情況，繼七五二年那次之後，確實地完成遣唐使的任務吧！。

桓武天皇晚年（根據保立氏的看法，這也是為了紀念他的兒子成為皇太子）、八〇四年時再次派遣了遣唐使。這次最澄和空海同行前往。他們並不像吉備真備和玄昉那樣，沒等到接手的遣唐使來到，就在隔年與這個使節團一起回國，然後各自傳播天台宗與真言宗。在此之後經過三十年，到了八三八年，這是最後一次的遣唐使。因為在這之後有計畫的遣唐使竟要到過五十年後的八九四年的時候，那個時候，因為大使菅原道真的意見而中止，之後就再也沒有派遣遣唐使了。

在八三八年搭乘最後的遣唐使船渡海到唐的是名為圓仁的僧侶。他是最澄的門下弟子。他與最澄不同，他希望能夠長久待在唐，隔年使節要回國的時候，他偷偷下船逃亡藏起來。雖然立刻就被唐的官差找到，但後來讓他前往長安，在那裡學習佛教。不過他遇上了武宗的佛教鎮壓政策（八四五年的會昌廢佛），遭到禁閉。在他終於得到許可能夠回國的時候，卻已經沒有遣唐使前來，他歷經千辛萬苦，還搭了新羅的商船，才在八四九年回到日本。記錄這十年的大旅行日記《入唐求法巡禮行記》，被美國學者賴世和教授（Edwin Oldfather Reischauer，一九一〇—一九九〇）評為「亞洲三大旅行記」之一。另外兩本則是玄奘的《大唐西域記》和馬可波羅（Marco Polo，一二五四—一三二四）的《東方見聞錄》。

在美國因為受到賴世和教授所寫的教科書影響，圓仁的這本旅行記非常有名。不過日本的教科書裡卻沒有記載《入唐求法巡禮行記》。山川版教科書裡對於圓仁的介紹也僅有「天台宗也在最澄之後，因為唐朝求法的弟子圓仁、圓珍而真正納入密教」[3]，真是太令人感嘆了！

桓武天皇的時代進行了前面所提到的對東北地方的侵略。收服阿氏流為是在八〇二

3 天台宗和密宗在中國是不同的教派，而由最澄（七六七—八二二）傳入並建立的日本天台宗的特點就是將天台宗與密教結合，形成所謂的「台密」。

年的時候，也就是最澄、空海前往唐的兩年前。因為桓武政府在七九四年的遷都平安，而開始打造新的國家。

實際上從平城京到平安京的遷都，都是照著七八四年移往長岡京的方法來進行的。不過，似乎是因為桓武的親信藤原種繼被暗殺，桓武的弟弟、也就是皇太弟早良親王被當作主謀者而逮捕，最後死於非命，大家認為他的怨靈會作祟，所以才遷都，放棄被詛咒的長岡京，以建設平安京來取代作為首都。

桓武一直讓左大臣的位置空著，不讓貴族主導，而是親自來掌理政治。據說他重視地方政治，裁掉沒有用的職位，使政治更加效率化。反過來說，中央政府對地方嚴格統御，想要使日本成為團結一致的國家。東北侵略政策也是其中的一環，在另一方面，也進行九州大宰府的整建工作以作為與大陸的窗口。如前面所說，他自己因為母系有來自渡來族的血統——現在的天皇陛下在日韓共同舉辦的二〇〇二年世界盃足球賽上，也親自提到這個問題——對於像建造大佛的聖武天皇那樣的天武系天皇們而言，或許桓武天皇所擁有的大陸觀和他們完全不一樣。

直接輸入律令和佛教的時代結束了。說起來，日本視為模範而景仰的大唐帝國也已經瓦解了。日本對於構成日本這個獨立國家的基礎，也已經設置完成了。平安時代就是這樣的時代。

6◆ 太陰太陽曆的故事

今天是二月二十九日，四年一度的閏年才有的日子。大家常開玩笑：「今天出生的人，因為四年才過一次生日，所以幾乎都不會老。」演員飯島直子好像就是今天生日（對了，所以她總是看起來年輕又美麗啊！這就是中年歐吉桑的調調吧！）

總之，二月在曆法上是個很奇怪的月份。你知道為什麼嗎？

僕在學校使用的英語教科書有關於這點的說明。

很久以前，採用埃及的太陽曆作成的羅馬曆，是以三月為一年的開始。所以現在的英語裡，九月是September（第七個月份）、十月是October（第八個月份）。七月是凱撒（Julius Caesar）的出生月，所以稱為July，八月是奧古斯都（Augustus）的出生月，所以稱為August。在太陽曆裡，雖然三十一日的月份與三十日的月份穿插排列，但據說因為奧古斯都討厭比凱撒少，所以把八月也變成了三十一天。因此，七月與八月這兩個大月就並列在一起了。因為受到這個影響，排在年底的二月（十二月與一月也是大月並列）就變成比其他的月份少了兩天，而只有二十八天。

你知道包含二月在內的小月，日文裡有「二四六九士」這種種記憶方式吧！「二、四、六、九」的各是以原文「にしむく」的第一個發音來代表，而把「十一」連在一起寫，就是「士」，也就是「さむらい」（武士）。

之所以會扯到這個閒聊的內容，是因為接下來想要從這裡說明關於日本過去的曆法。日本是在一八三七年（明治六年）時採用太陽曆（詳情請參考岡田芳朗著《明治改曆——「時」的文明開化》，大修館書店）。

在這之前，日本所使用的是東亞式的曆法。也就是今日所說的舊曆。理所當然，發明這個曆法原理的就是中國。就像前面曾經提到的，神武天皇於西元前六六〇年的正月元旦在橿原即位的時候，也就是根據這個東亞式的曆法。當然，如果根據《古事記》和《日本書紀》的說法，就算那個時候日本與中國並沒有交流也無關緊要吧！

把「神話」故事的發生，當作歷史上的事實，因此誰也無法斷定在日本國內何時開始使用中國傳來的曆法。比較清楚的是在律令制定的過程中，才把它明文化了。持統天皇的時候，在六九二年所使用的元嘉曆，就是五世紀時中國創造出來的曆法。而在那五年後的六九七年，也很快地採用下一個曆法，亦即在七世紀唐朝的指示下，變更為當時制定的儀鳳曆[1]。七六四年開始使用的大衍曆、八五八年的五紀曆、八六二年的宣明曆，這些由唐改訂的曆法都是在差不多的時間傳入的。之後到一六八五年為止，一直使用的就是宣明曆。

為什麼中國老是在改這些曆法呢？太陽曆在西元前一世紀由凱撒（Gaius Julius Caesar）變更之後，只有在一五八二年（正是日本發生本能寺之變那年）改訂為格列高利曆[2]，其後即一直沿用至今。

因為中國使用的曆法並不是太陽曆（一年三百六十五天，像今年這樣的閏年就是三百六十六天），也不是伊斯蘭使用的太陰曆（一年約三百五十四天），而是稱為太陰太陽曆（陰陽曆）。太陽就是太陽，太陰則是指月亮，簡單來說，陰陽曆就是同時採用太陽和月亮的運行所做的曆法。在陰陽曆中，一年有十三個月份的年份，每十九年有七次，因此這個曆法配合了月亮的公轉週期的十二倍，也配合了地球公轉週期。而第十三個月就稱為「閏月」。

另外，為了調和月球的公轉週期與地球的自轉週期，一個月的長度也根據各自的情況而有二十九天或三十天，所以並不是一定照「二四六九士」來決定「小月」。雖然想

1 **儀鳳曆**：學界普遍認為是《麟德曆》的別稱，但在中國和朝鮮的文獻中找不出證據。《麟德曆》是唐高宗詔令李淳風所編的曆法，於麟德二年（六六五年）頒行。

2 **格列高利曆**：羅馬天主教教宗格列高利十三世根據凱撒的太陽曆改訂，即現在俗稱的西曆。

講得更詳細一點，不過還是就到此為止吧！

因此，決定這個二十九天或三十天的計算還真的很麻煩。因為天體的運行速度本身會隨著時代而有微妙的改變，不管是何種精確的天體觀測，還是會產生誤差。所以，在儘可能精密地觀測之後，發現「咦？怎麼與曆法不同了」，因此不得不重新改制曆法。因為這個緣故，唐代多次進行改曆，日本也配合著從七世紀到九世紀為止，經常跟著變更曆法。

宣明曆之所以持續使用了八百年，一是因為遣唐使時期結束，從中國直接輸入制度的風潮也跟著退去；二是以曆法的實用性來看，宣明曆的準確度已經足夠應付當時的需求；三是因為日本國內沒有人提出要造新曆來取代宣明曆吧！後來在一六八五年採用涉川春海的貞享曆，取代宣明曆，而貞享曆是史上第一個日本人自己編制的曆法。

涉川春海的成就在山川版的高中教科書裡有特別提到。教科書裡面設計了「曆」這個專欄，右邊則是簡潔扼要地整理了說明的內容。春海「修正曆法的誤差，創造了日本特有的曆法（貞享曆），因為這個成就，他被任命為幕府的天文方[3]」。附帶一提，這裡的天文方所形成的組織，就是東京大學的前身，這已經成為公認的歷史認知了。

但是實際上，稱為貞享曆的這個曆法，嚴格來說並不是「日本特有」，它是根據十三世紀元朝所制定的授時曆所編造出來的。中國在唐代之後也不時進行改曆，其中採用了比過去更嚴格精密計算方式的就是這個授時曆。

江戶時代以後，也在寶曆、寬政、天保年間進行過三次改曆，但每一次都只是對貞享曆進行些微的修正而已。天保曆之所以被廢棄是因為前面寫到的一八七三年（明治六年）的文明開化之影響。

不過，僕並不認為讓二月遭受不合理待遇的太陽曆，比起奠基於精密計算的陰陽曆更「文明」。只是若以今天為例，根據東亞的曆法，就要稱為「一月二十三日」才對吧！

3　**天文方**：江戶幕府的官職名，司掌天文編曆、測量等工作。

7◆從「梅之都」到「花為櫻」

那麼，讓我們再度回到桓武天皇的時代吧！雖然不知道是誰發明了「黃鶯在歌唱（七九四），平安京」這種遷都年代的默背法，但僕對此給予相當高的評價。因為他用了「黃鶯」（u gu i zu）這個詞。為了即使合乎音節，只要是四個音節的動物，不是黃鶯也無所謂，例如蚱蟬（ku ma ze mi）、鈴蟲（su zu mu shi）、狼（o o ka mi）等會叫的蟲或動物，看起來也很適合，不過這裡用了黃鶯，應該是有「梅花黃鶯」的聯想吧！平安京正是以梅之都作為開始。

這麼說可能會讓人發出「咦？」的疑問吧！提到京都的「花」，必是櫻花。因為國語課的時候，老師都教平安時代的文學作品裡如果單純只寫「花」，指的就是櫻花。

這就是今天的主題了。梅之都何時變成櫻之都了呢？

你知道中國的國花曾經是梅花嗎？台灣的中華航空的飛機體上，現在也印著大大的梅花。自古以來，在中國文化裡，梅代表君子，被尊為偉大人物的象徵。

不用說，大和朝廷的人自然是模仿這個典故，特別看重梅花。在《萬葉集》中，詩人們愛的花是梅花。這個開於早春的花擁有馥郁的香氣，讓桓武天皇創建之時的平安京也能以梅花盛開的景象為傲，承接被稱為「繁華似錦」的奈良平城京。

九〇一年，菅原道真在政變中失勢，就這樣在九州大宰府之地抑鬱而終。他也是以愛梅詩人著稱，因此視道真為神而祭祀的天滿宮，必定會種植梅花。自稱是他後代子孫的人也會用梅鉢[1]作為紋樣。江戶時代最大的大名、加賀的前田家好像就是用梅鉢紋。現殘存於東大本鄉赤門附近的土牆，是前田家的江戶宅第遺跡，上面就刻有梅花的圖案。

因為這個菅原道真的建議書，斷絕了遣唐使，也因為唐的滅亡，遣唐使時代終告終結。菅原道真死後的九〇五年，紀貫之等人在平安京進行了《古今和歌集》的編纂，即為世稱的「國風文化」時代的來臨。

紀貫之後來以國司之職前往高知縣赴任，他從高知縣回京都的路上寫下了像遊記的《土佐日記》。開頭其中一段「男人才會寫的日記這種文章，女子我也來寫寫看吧」（原文：男もすなる日記といふものを、女もしてみんとてするなり），在古典的文法教科書中，一定會說明助動詞「なり」的用法。「すなる」中的「なる」，據說像「するなり」裡的「なり」一樣作為斷定的助動詞。這段文章是男性的紀貫之假裝成女性，以女

1 **梅鉢紋**：家紋中的一種圖樣。以寫實表現梅花的是「梅花紋」，將梅花幾何圖形化的則為梅鉢紋。

性的用字寫下屬於男性才會寫的日記，是結構相當複雜的內容。

《古今和歌集》和《土佐日記》不用僕說，大家都知道是平安假名文學草創時期的代表古典名著。另外，《竹取物語》和《伊勢物語》當然也是用假名寫成的。因此，從十世紀末到十一世紀初，因為以紫式部、清少納言為首的女流文學者輩出，出現假名文學的黃金時代。當時，政治上是藤原道長[2]位於巔峰的攝關政治的時代。

以傳承來說，紫式部構想《源氏物語》並開始寫作是在一〇〇八年左右，二〇〇八年正好是一千年，日本國內外似乎舉行了各種紀念活動和學會。日本用以向世界誇耀的文學作品，而且還是一千年以前寫下的，即使現在來看，也是毫不褪色的戀愛小說傑作。慶祝這作品的誕生，是日本人當仁不讓的職責吧！

但是啊，僕並不喜歡《源氏物語》。個人的喜好與否另當別論，但是它是否為內容適切的小說，並且可以當作你們的國語教材在學校裡傳授，是個很大的疑問。

這不是自誇，僕在高中的時候就熟讀了《源氏物語》，而且不是讀谷崎潤一郎或瀨戶內寂聽的現代語譯版本，而是讀原文（當然版本不是江戶時代的版本，而是變成活字印刷、也加上說明的現代版本）。而我讀通之後的結論是《三國演義》還比較有趣。

不過這可能是因為僕是男性所以才有這樣的感想，但實際上在江戶時代應該也有很多人有一樣的想法。《源氏物語》並不是自平安時代以來受到所有日本人喜愛的古典作品。只不過到了明治時代，從《源氏物語》成為國中、高中的國語教材以來，此書就不容置喙地成為日本所有人學習的內容。

另一方面，《三國演義》就無法成為教材。原因是「《源氏物語》是日本的小說，而《三國演義》是中國的小說」。區分中國的古典與日本的古典，就算要當作「漢文」來學習，《三國演義》也沒有被選上。

《三國演義》是十五、十六世紀的小說，原本的故事是來自三世紀的正史《三國志》裡的內容。沒錯，就是前面提到過記載〈魏志倭人傳〉的書。不過把《三國志》當成漢文教材也是很少見的，要當作教材的話，《史記》或《十八史略》等才是主流。反正，在江戶時代廣為閱讀的《三國演義》，從明治以後的學校教育裡被流放了。而且你也知道，在學校以外，不只是書，《三國演義》也變成了遊戲，擁有根深蒂固的高人氣。

而《源氏物語》只是在京都的公家之間被流傳、閱讀，到了江戶時代以後才開始滲透到一般庶民。其中，本居宣長功不可沒。在他之後，這本長篇戀愛小說以描寫「物之哀」而成為不朽的名作，被推崇到成為任何一個日本人都應該讀的古典名著。

2 **藤原道長**（九六六—一〇二七）：平安中期的政治家，是藤原家全盛期時期的人物，讓一條天皇同時納兩位皇后，開啟了一帝二后的先例，除了長女，另外兩位女兒也先後成為皇后。

8◆「國風」的意義

「國風文化」這個詞，在不成文的價值評價上是以國風這個詞具有正面意義為前提，但實際上這個詞卻擁有非常強烈的政治性。

原本國風是出現在中國古典作品中的名詞。它的意思是，任何各種相關的事物總是有固定的模式。但在日本，為了誇耀是「日本獨創」的，就借用了中國的文字和概念。「國風」就是「國家的風氣」的意思。原本是民謠式的詩集，被編入儒家經典的作品集《詩經》中，將收集自皇帝所在的都城以外地區的詩歌稱為「風」。然而到日本後卻換了方向，變成含有與中央不同的地方文化之意。這與作為文明中心的中國不同，變成日本特有的意思。而且不知從何時開始，這個「國」就不是指「鄉土」，而是成了「日本國」。現在一般都把「國風」作為與「唐風」這個詞對立的概念來使用。

但是在這個情況下，僕認為如果解釋為「國風等於日本風」、「唐風等於中國風」也是錯誤的。那個時候唐也就是中國，因為有世界上的高度文明之意，所以這個對比應該是以「日本固有」與「世界共通」來相比較吧！與世界共通的漢字漢文不同，根據日本固有的文字來表現的才是「國風」。

不過最近不只單純把假名文學當作國風來評價，甚至有人在漢文的文體中找到日本人原有的特徵，就把它當成國風的表現來理解，這種傾向還越來越強烈。山川版的教科書也有這種傾向：

> 貴族在公開的場合都只使用從前流傳下來通用的漢字寫文章，這種文章與純粹的漢文大不相同，是屬於和風的寫法。

的確就像這段文字所說的，平安時代以後的公家日記，若給中國人或韓國人讀，要理解意思也非常困難吧！從這點來看，不能說是「世界共通」。

但是僕還是想重視他們不惜一切想要用漢文來寫日記的做法。紀貫之以半惡作劇的方式說「男人才會寫的日記」，如同用假名寫日記所象徵的，日記還是屬於應該要用漢文來寫的體裁。現在我們在學校裡被教育《土佐日記》是日記體的傑作。如果自平安時代到江戶時代的那些公家和僧侶，也完全認同我們被教導的內容，為什麼他們雖以《土佐日記》為範本，卻不用假名來寫日記呢？為什麼一方面要說「與純粹的漢文大不相同，所以是屬於和風的寫法」，但又繼續用漢文來寫日記呢？

從日本人所寫的英文馬上就能夠理解。確實，從僕貧乏的經驗來看，就算是比我們英文會話能力好很多人的所寫的文章，只要是日本人，對以英語為母語的人來說，寫法在結構和表現上還是有明顯的差異；應該也還不到說是錯誤的地步，但如果拜託以英語為母語的人來校正、修改，不正是因為原本的文章是屬於「和風」的緣故？不對，應該說是「國風英語」。

假設想要寫出「和風」，用漢文來寫的內容勉強合於國際標準規格。不過，就算可能會因為不同裁判而被判定不合格，寫作者本人還是朝合格的方向努力，磨練這種和風漢文。對中國或韓國人來說，儘管有些許的差異，比起用假名這種他們完全無法理解的文字，並依照日文的文法結構所寫成的內容，以中文文法規範下寫出來的內容，若大致上根據語順來排列漢字的話，還比較能掌握大概的文意。從這點來看，漢文果然還算是符合國際規格的世界共通語言。

當然，僕可以理解想要給予和風高評價的心情。但是在過於偏袒的情況下，就做出「用假名來寫就是日本應該值得誇耀的文化遺產，用漢字寫的就終究是外國的模仿物」的評斷，怎麼看都覺得哪裡不對。《古今和歌集》所收錄的詩歌毫無疑問地都是傑作。相對於日本人的漢詩，菅原道真所寫的，說不定還不及杜甫或李白。但是就因為如此，只評斷前者的做法對嗎？櫻花的確是日本足以向世界誇耀的美麗花朵。但是湯島天神或是水戶偕樂園裡面知名的梅花，無關是否引自中國原產，也是美麗的花啊！

9◆櫻花的印象

西元一八六〇年三月三日的早上，當然這是指當時的舊曆，所以大約是現在的四月，江戶卻已經積雪了。當時的大老井伊直弼正從自己家前往江戶城的途中，遇到了暴徒襲擊暗殺。有一說是，事前井伊直弼就已經從朋友那裡知道有這個偷襲計畫，並建議他改變通勤路線，但是井伊直弼以「身為武士，那麼做會被當成膽小鬼、而且會成為眾人的笑柄」而拒絕；他反而一樣走每天通勤的路線，結果遇害。這個傳聞是真是假不可得知，但是因為安政大獄而評價很差的井伊直弼也因為武士道精神，展現出大和魂而傳為佳話。

這個暗殺事件以發生的地點被稱為「櫻田門之變」。雖然是偶然，但這個城門的名稱卻讓人覺得和前面一段所提到的佳話不謀而合。身為武士，就應該要死得乾脆、毫不留戀。儘管失禮，但如果是「梅田門之變」或「桃田門之變」，就一點也不協調了。所以這裡還是「櫻田」最適合。

作家舟橋聖一以井伊直弼的親信長野主膳為主角，所描寫的長篇小說名稱就是《花的生涯》。自平安時代的假名文學以來，如果只寫到「花」，指得就是櫻花。平安末期的歌人西行法師[1]知名的和歌：

如果可以，希望在那如月的望月之時，於春天的櫻花樹下死去

如月即二月，望月是指滿月之日，也就是十五日。據傳那是釋迦牟尼佛涅槃之日。西行法師雖然希望自己也能和釋迦牟尼佛同一天死去，但與其說是他身為佛僧的宗教心使然，更可想見的是他想要死於櫻花樹下的那種完美願望。也就是和飄落的櫻花一起結束生命。後來，就如同他所言，他似乎真在二月十五日逝世。

淺野內匠頭在將軍城府內拔刀砍傷事件[2]，也是發生於三月十四日，這件事後來也成為赤穗浪人前往吉良邸復仇的契機。結果他在那一晚就切腹自殺。電影或電視劇拍到

1 **西行法師**（一一一八—一一九〇）：平安時代末期的僧侶、歌人。出家後在各地巡遊，其和歌展現修行者的自我實現及清冽風格，影響後世甚鉅。

2 **元祿赤穗事件**：元祿十四年（一七〇一）赤穗藩主淺野長矩（內將頭為官名）因故在江戶城裡拔刀砍傷吉良義央，使將軍蒙羞，被下令切腹，並廢藩。兩年後，赤穗家老大石內藏助率赤穗家臣四十七人夜襲吉良宅邸，殺了吉良義央為主公報仇。

這一幕時，一定會出現櫻花樹，用從樹上飄落的櫻花描繪出他倒臥的景象。用櫻花這樣的意象來象徵像櫻花一樣短暫消逝的悲劇主角。

井伊直弼剛好是在二月十五日到三月十五日期間正好一半的日子裡遇難，路上還積著的白雪因此被鮮血染紅，加上從上飄落的的櫻花花瓣，這景象簡直就像畫一樣吧！

若有人問什麼是日本的大和心，就回答如朝日映照下盛開的山櫻花

這是本居宣長的詩歌。除了櫻花沒有其他的花能夠像這樣緊緊抓住日本人的心。前一節我們談到從梅花到櫻花的變化，如果講白了，梅花是唐風，而櫻花就是國風吧！

雖然中國也有櫻花，但是不像在日本，成為在詩歌、戀愛、甚至是人生中擔任重要的角色。隨著國風文化的形成，似乎京都的上流階層不知不覺地擴大了對這種花的深深愛戀。到了江戶時代，也跟著滲透到一般大眾的心裡了。

祇園精舍的鐘聲，是諸行無常的聲響。娑羅雙樹的花色，呈現盛者必衰之理。

這是《平家物語》知名的開場白。這裡的花雖然是娑羅雙樹，而不是櫻花，但這個娑羅雙樹是原產於印度的常綠樹，實在不像是因為花而受到喜愛的樹木。有傳說在釋迦牟尼佛於二月十五日涅槃後，應該是常綠樹的這棵樹木卻變得白枯，因此娑羅雙樹的花色才會被用來作為「事物變遷」的象徵吧！

但是鎌倉時代的日本人，沒有人去過印度。平家的貴族子弟與同樣年紀的榮西（一一四四—一二一五）[3]想要從中國去印度也沒有成功，結果反而是把禪宗帶回日本。在吟詠《平家物語》這一段的時候，很多人在腦中所描繪的應該是櫻花的景象吧！盛開的櫻花，不久即謝落，這正是「盛者必衰之理」。

在佛教中也稱此為「諸行無常」。以《涅槃經》裡的話來說，即所有的事物都是不斷生生滅滅、沒有止盡的意思。與《平家物語》同時期寫下的鴨長明之《方丈記》[4]中，開頭那一段話也很有名：

河水川流不息，流過的水也不是和過去一樣的水。就像河流淤積處冒出的泡泡，突

3 **榮西**：平安時代末期到鎌倉時代初期的僧侶。是臨濟宗的開山祖師，創建了建仁寺。
4 **《方丈記》**：平安末期到鎌倉初期的歌人、散文家鴨長明作於一二一二年的作品，為中世隱士文學的代表。

然消失、又突然出現，沒有長久停留的例子。

無常這個想法，可說是了解日本傳統文化的重要關鍵字吧！

10◆ 所謂無常

有個名詞叫做「榮華」，意思是因為顯達而富貴。原本是中國使用的慣用語，在日本使用這個詞的時候，似乎可以感覺到一些微妙的差異性。好像也包含了今天所說過的「諸行無常」的意思，甚至有「不會永遠一直『榮華』下去喔」的感覺。

這或許是因為這裡使用了「華」這個字的關係。中國的正式國名是「中華人民共和國」，也就是說，「中華」這個字是這個國號的核心。這應該是有「位居世界的中心像花一樣光輝繁盛」的意思吧！不過日本說到「榮耀榮華」，就會有「沒落」將立刻隨之而來的感覺。為什麼會這樣呢？

《榮花物語》（也寫作《榮華物語》）是以藤原道長為主角的歷史故事。如字面意思，故事的主題就是在講藤原道長與其一族的榮耀榮華。但是，這裡面並沒有渡過未來劫難、祝賀繁榮的主張；內容反而是讓人意識到隱含的哀愁，以及終會來臨、無可避免的「死亡」。

卷十五「疑」是描寫官拜太政大臣的道長，因為生病而出家的場面。「儘管這次被認為應該就是大限來臨之時了，心裡卻無法不感到哀愁孤寂。」國家的最高權力者、握有無人能及之權勢的男人，只是生了一點小病，就變成如此軟弱的人嗎？這是因為當時有著「過於幸運會招致災禍的思想」（小學館版《新編日本古典文學全集》三二，一七二頁上方注釋），而道長也相信這種說法的緣故。「那大臣（道長），安穩地治理當今之世，在無人能及的情況下，過了許多年，世間的人也擔心萬一他發生什麼事了，開始討論並揣測恐怕會發生什麼可怕的事情。」

而道長「不過是成為出家人，在這個京極殿的東邊蓋佛堂，想要住在那裡而已」。沒多久他卻真的實現了出家的本意，在《法華經》的指導下，虔誠皈依，並做法會和善事，到聖德太子創建的四天王寺，以及弘法大師空海開山的高野山參拜。道長被認為受到聖德太子和空海的感召而重獲新生。這一卷在宣揚佛教的無常思想後，以應該「只有這個大臣的富貴榮華」可以永久持續的祝福之語作結。

佛教諸行無常的思想，亦即作為佛教的歷史認知的末法思想[1]之思考方式，與平安時代的人有很深的關係，連最高權力者道長也不例外。釋迦入滅後，佛教世界被認為將依照正法、像法、末法的三個歷史階段順序走向墮落毀滅。而根據計算，道長的時代正好就是像法的末期。簡單來說，繁華的平安京貴族文化，其背後是因為意識到「世界的終結」而在做準備。

淨土思想的流行也是這個緣故。向阿彌陀佛的救助皈依，希望能夠往生極樂世界，是他們終極的人生目標。這個世間的榮華富貴當然是很重要的，但是除了在世的享福，他們對於死後的安樂有著更強的期望。道長的兒子賴通在宇治平等院蓋了鳳凰堂，然後奧州平泉的藤原氏也學他建造了無量光院，希望因此能夠迎接阿彌陀佛前來。道長重視的《法華經》也是以闡明這樣的教義而流傳的佛經。

但是他們何苦從佛教的教義中選出這樣的思想來信仰呢？空海和圓仁帶回來使用咒術的密教，在加持祈禱的時候也一直被使用著。但是他們一定也感覺到，有某種更可怕的東西是只靠這股力量所無法防制的。

這個更可怕的東西，就是怨靈。如同作家井澤元彥所說，實際上不是有沒有怨靈的問題，而是當時的人相信怨靈存在這件事本身更為重要（《逆說的日本史》，小學館）。所以要理解相信神、佛、鬼、靈魂的這些人，應該在以有那樣的東西為前提下，和他們一起看這個世界吧！

朝廷內部各種政治抗爭的犧牲者，因各種理由變成了怨靈作崇。或是懷抱著失戀、

1 **末法思想**：中國南北朝時期的慧思大師提出的思想，佛教經過正法、像法、末法三個發展階段，必然走向消亡，這是因為發展到最後，必定會出現忘記佛教本源、只重視儀式、門面甚至藉此斂財的衰敗現象。

離婚的怨恨，已經往生的人，甚至是還活著的人，他的靈魂成為加害者，企圖向對方復仇。在《源氏物語》和《今昔物語集》[2]裡，這樣的例子不勝枚舉。這種故事大概經常在學校的日本史與國語（古典文學）的課程裡教給學生吧！但是僕認為，如果沒有這些故事，就無法理解日本的歷史了。

2《**今昔物語集**》：平安時期的故事集，共三十一卷。全書共分天竺（印度）、震旦（中國）和本朝（日本）三部分，收集來自於天竺、中國、波斯、阿拉伯等地的故事。

J♦ 平安時代最強的怨靈

繼續前一節來談怨靈的話題。

平安時代中最強大的怨靈是誰呢？就是那位菅原道真。他雖然是超級一流的政治家和學者，但是因為他是含恨而死的，被認為力量特別強大。

《大鏡》是以平安時代的假名文字所寫成的歷史故事，與《榮花物語》並稱為雙璧。在這本書裡面，介紹藤原時平傳記的篇章中，以和當時的藤原時平相等份量的篇幅介紹了菅原道真的事蹟。不過這兩人不只在生前是政敵，死後也因為道真傳說的影響，在歌舞伎等作品中，必定是以敵對的對手登場。

菅原道真於九〇三年二月二十五日在大宰府抱憾而終之後，馬上就展現了怨靈的力量（沒錯，他是死於「如月」〔二月〕，不過比西行法師的「滿月」晚十天）。天皇所住的皇宮內院，遭到八次火災。還有，擔任重建工程的工匠，前一天才刨好的光滑木板，僅僅一個晚上就發現被蟲蛀的痕跡；而且那個蟲蛀的地方不但現出了文字的形狀，還是一首寫好的和歌。

就算蓋好了，還是會燒掉，除非菅原和棟樑的地板房間能夠相合

引用小學館版的《新編日本古典文學全集》現代語譯版吧！「就算皇宮內院幾次重建，也還是會燒掉的吧！除非菅原這個毫無根據的胸中傷口能夠癒合。」原文中，用了幾個雙關語：「mune」是「棟樑」，也是「胸」；「itama」是「鋪地板的房間」，也是「痛」的意思。開個玩笑，這種雙關語的技巧，簡單來說，就是一種插科打諢的語言遊戲。最近「老爹雙關語」之類的說法被當作是笨蛋，但這可是來自國風文學引以為傲的技巧，請重新改觀。

因為菅原道真的怨靈成為雷神，所以經常引起皇宮內院的火災。實際上，九三〇年六月二十六日落在皇宮內院清涼殿的雷，直接擊中反道真派的兩名貴族，立即死亡。下達道真左遷命令的醍醐天皇，也在這個時候生病，並在辭去天皇之後，馬上就死了。當然，僕不認為那個落雷是道真作祟。但是當時的人是這麼相信的，而那種相信的結果就引發之後的行為。

那些行為所造就的成果，現在還留存的就是京都北野的天滿宮。不用說大家都知道那裡供奉的是考試之神，還有大宰府、湯島、龜戶的天神在考生之間也很受歡迎，那是因為道真是偉大的學者，以及想要像他一樣的信仰精神所造就的人氣。但是原本的北野

天滿宮，可是為了鎮壓道真的作祟而建造的。

把這個菅原道真與前一節的話題中提到的藤原道長拿來比比看吧！一個是無人能及的當權者，享盡榮華富貴。另一個則失勢被流放邊境，並在失意時辭世。從活著的幸福程度來看，道長是壓倒性的勝利吧！不過道長在自己的巔峰時期，因為對死亡的不安而怯懦出家，希望透過累積很多的善行功德能夠前往極樂世界。另一方面，道真則是死後擁有強大的力量，殺了天皇與同朝大臣報仇雪恨，成為受撫慰的天神，至今仍從許多參拜者那裡得到香油錢和護持捐款。這麼看來，已經不知道誰比較幸福了。

當然，如同不斷重複提到的，僕並不相信道真的怨靈，所以也不相信身為天神中的考試之神有什麼靈力。以前曾經去拜拜、投賽錢箱，也去祈禱你考試能夠合格，但僕認為你考試合格並不是因為道真保佑的關係（這樣會受到懲罰吧？）。

不過，相信道真擁有神力的人，創造出了天神信仰，並持續維護下去，而且這也成為日本傳統文化中無法忽視的要素。

鎌倉時代想要在日本宣揚禪宗的僧侶圓爾，想出了一個好點子，那就是利用道真信仰。「天神出現在我的夢裡，他說我想讓你去中國學習我曾學過的新思想（當然是指禪），你去中國吧。」因此，他創造了「渡唐天神」的傳承，造出了許多的神像、繪畫和雕刻。受惠於道真的人氣，禪宗成為「連那個天神都學習的尊貴教導」，因此得以擴展到整個日本。

讓遣唐使交了白卷，生前也沒去過唐朝的道真，死後卻因為這樣而對日本佛教的發展做出了貢獻。

Q◆ 《今昔物語集》的世界觀

日本是佛教國家。如同前面提到聖德太子傳說的內容，曾是廄戶王的聖德太子之所以被極力讚揚的理由之一，就是因為他是建構了日本佛教基礎的人物。

你知道《今昔物語集》吧！創作於十二世紀、平安時代後期的故事集。包括吃芋粥的貧窮公家的故事、禪智內供[1]的鼻子故事，都因為芥川龍之介改編為近代短篇小說而廣為人知（內供的問題，不是「花的生涯」[2]而是「鼻的麻煩」[3]，我的情況是，在花粉症盛行的時期，果然鼻子是個大麻煩）。

這些廣為人知的故事，被收錄在《今昔物語集》裡名為「世俗」的篇章裡。但是要

---

1 **內供**：在宮中的道場侍奉天皇的僧侶。

2 **花的生涯**：舟橋聖一所著的歷史小說，描寫井伊直弼的生涯故事。

3 **鼻的麻煩**：禪智內供有個長鼻子，他感到很困擾，有一天聽到有人說用熱水燙鼻子，可以讓鼻子變短，他用熱水燙過鼻子後，鼻子果然變小了。但是鼻子變小後，還是被人嘲笑，於是禪智又希望鼻子能變長，不久鼻子又變長了。

說相對於「世俗」的篇章是什麼，其實是「佛法」。這本故事集原本就是根源自故事的背景地天竺（印度）、震旦（中國）、本朝（日本）三個國家，簡單來說，就是將平安時代的人的地理認知中全世界的故事集結成冊的體裁（特別注意這裡沒有把韓國算進去呢！他們應該知道新羅，所以從這裡可以清楚知道，在他們的想法中，日本與印度、中國是列於同等地位的，而新羅和渤海國地位較低。但這絕不是什麼值得讚揚的事。）

其中這三國的故事也分為佛法和世俗。而關於它的分量，在天竺與震旦各五卷中，佛法佔了四卷，而世俗僅有一卷。本朝也是，兩部各十卷[4]，不用說也知道，佛教故事佔了相當大的比例吧！到了近代，不管是評價、芥川龍之介的小說或是古文教科書裡所採用的，都是世俗的故事。然而實際上，從佛教的宗教故事，可以看出這本故事集的另一面。

其中的卷十一，也就是本朝佛法的一開始，以「從前從前，本朝有位稱為聖德太子的聖人。」為起始，敘述聖德太子一生的故事。這篇的結尾稱揚因為他的成就，佛教首度在日本普及，寫著：「若是內心風雅之人，必定會供奉他，並傳誦他的故事。」

以下，則接著是對佛教傳來有貢獻的高僧們的傳記，如行基（為建立東大寺大佛而奔走之人）、役之行者[5]（傳說中的山中修行人）、道照、道慈、玄昉（這三人都是到唐朝留學的人）、婆羅門（來自印度的僧侶）、鑑真、空海、最澄、圓仁、圓珍。

不過，佛教並不一定是和平的宗教。特別是密教，就像前面所說的，在現代社會中相當於科學技術。圓仁、圓珍在唐得到名為法詮的高僧傳授天台密教，而在《今昔物語集》中，也記載了這段傳授的故事。特別是卷十四的卷末的第四十五篇故事，橫跨了日中韓。

那時候，在日本的朝廷中有「最近新羅很不聽話，為了懲罰他們，發動戰爭吧」的呼聲，於是選了藤原利仁作為將軍。這個人在《今昔物語集》中曾以鎮守府將軍的身份被介紹過，但是實際上關於這個任務，是因為他曾經有赴任奧州的經驗，是個具備軍事能力的貴族。新羅國根據占卜知道會有外國軍隊來攻打，因此，他們舉行了咒死法會，從「大宋國」找來了法詮（故事中寫的是法全）。法詮是唐代的人，但是《今昔物語集》在編輯的時候已經是宋代了，所以才這麼寫。相反地，前往宋的僧侶也有稱為「入唐」。我們知道在那個時候，日本對於中國的國名，並不是時時刻刻都會有正確的紀錄，漢也好、唐也罷，甚至是宋也有混在一起使用的時候，這點非常有趣。

當時剛好圓珍就在法詮旁邊，所以也參加了新羅的法會。只是新羅當時只知道「外

4 卷一至五是天竺部，六至十是震旦部，十一至三十一是本朝部，其中有些卷已佚失。

5 **役之行者**：本名役小角，山中修行的始祖（山伏）。

國的軍隊」，並不知道是日本，所以圓珍也沒想到自己竟然參加了對自己祖國的咒死法會。法會在一定時間內結束，看到祭壇上湧出了相當大量的血，法詮說：「咒死成功了。」然後回到「宋」。那個時候，在日本，利仁突然生病暴斃。不久之後，回到日本的圓珍才知道在新羅自己參加的咒死法會竟是這樣的結果。

那麼，你覺得這個故事的結局是什麼呢？在不知情的情況下咒死了自己祖國將軍的圓珍，之後放棄使用所有類似的黑魔術嗎？其實結果並不是那種具有教訓意義的故事。圓珍完全沒有反省，而且不只如此，他對於利仁在將死之際，揮刀砍向眼前所見的魔物並將之殺死一事，還評論說「這個人果然不是等閒之輩」，「但是儘管如此，可以傳誦後世佛法的力量還是很厲害，因為他馬上就死了。」不管再怎麼厲害的武功高手，對高僧的佛法祈禱還是完全沒有招架之力啊！故事結束。

僕絕不是器量狹隘的愛國者，本書隨處可見對器量狹小的愛國主義者的批判。但是這個故事，連僕也覺得實在太過分了。因為鄰國新羅無禮，為了懲罰而被派任為軍隊的指揮官，竟被中國和尚的詛咒給殺了。光是這樣就讓人一肚子氣，還加上那場咒死法會還有日本國的秀才圓珍和尚參加，甚至說「佛不知情」，回國後即使知道實情，圓珍也不必負任何責任。真是太可惡的故事了。如果在昭和初期，圓珍一定會被稱作「叛國者」，而且被免除公職。

不過，會這麼想，應該是因為僕擁有近代的感性吧！《今昔物語集》的編纂者大多是以讚揚佛法力量的驚人而作結，從那裡面完全看不出對異國和尚殺死自己國家將軍的怨恨。

平安文學雖然可以感受到「物之哀」的結構，但是應該要確實將與其相反的另一面傳達給你們知道，這應該是學校教育的義務吧！一發生什麼事，國民馬上就群起爭執批判或是要戰爭，這只不過是現代人器量狹小之見吧！

不，不，並不是到了近代才突然變成這樣。對於法詮、圓珍的咒死行為，「身為日本人無法原諒」的感性，似乎是在《今昔物語集》之後，就在武士之間開始萌芽。

K◆ 仁義道德會吃人

明天期末考試就結束了吧?辛苦你了。

剛剛聽到關於魯迅的《故鄉》的談話,剛好和僕想的問題一樣。主角遇到好久不見的閏土時,有難以言喻的感慨。小時候平等相處的玩伴,變成了大人的身分,就意識到彼此的差異,魯迅藉故事批判那種社會狀態。

魯迅是代表中國現代的文學家,這本小說的原文當然是中文,但是他的作品成為「國語」教材這件事,也是很奇妙的故事,而且和我們那時候一樣,現在也出現在教科書裡,讓人喜不自禁。它是比起《源氏物語》還更能發人深省的故事吧!

魯迅還寫了《狂人日記》這本小說,內容就如同書名。在這一節,讓我們引用和教科書裡的《故鄉》同一譯者竹內好的翻譯吧。

凡事總須研究,才會明白。古來時常吃人,我也還記得,可是不甚清楚。我翻開歷史一查,這歷史沒有年代,歪歪斜斜的每頁上都寫著「仁義道德」幾個字。我橫豎睡不著，仔細看了半夜，才從字縫裏看出字來，滿本都寫著兩個字是「吃人」！[1]

提倡這個「仁義道德」的書，就是儒家的經典《孟子》。其中，的確有「吃人」這種表現。即便這麼說，就像小說中主角狂人的說法，並不是只有字面上「吃人」的意思，雖然難以理解，而是有「養人」之意。文章脈絡主張的是社會上的分工合作，像農民那樣的肉體勞動者完成分配的「養人」任務，像政治家那樣的精神勞動者則是「被養的人」。當然魯迅很清楚知道這點，所以特別藉由主角來解釋。

為什麼呢？這是因為提倡「仁義道德」的儒教會「吃人」，也就是一種強迫弱者犧牲，具有非人性的學說。主角說：「這歷史沒有年代。」若我輩之流來解釋這句話，意思是完全不考慮時空造成的差異，顯示無論何時何地皆適用的普遍性道理、百年如一日地強制主張「忠君愛國」的人自我犧牲，讓這種學說慢慢拓展開來的，就是這種「仁義道德」的文章。

魯迅的故事是以二十世紀初期的中國為背景。在日本，儒教也是自古以來就有影響力。中國的儒教與日本的儒教各方面都有差異之處，另外，也有因為兩國的文化和習慣

1 中文版引用自教育部教學資源「孔乙己—魯迅〈狂人日記〉」。

所影響的本質問題，但是在這裡不談這個話題。不去看那樣的差異，希望把焦點放在儒教所提倡的「仁義道德」的另一面。

孔子被認為是強調「仁」這個字的思想家。但是仁究竟是什麼，要定義它是非常困難的。孔子在《論語》裡面，對不同的弟子說明不同的內容。後世以因為人字旁有「二」[2]，所以解釋為「人要兩人互相幫助」，雖然看起來煞有其事，但因為孔子的時代好像不是這種字體，因此這個解釋非常奇怪。不過當作「關懷、體諒」應該是沒什麼問題的吧！

仁義的「義」字則是孟子從孔子的仁衍生出來的概念。儘管在《論語》中，孔子也說：「見義不為，無勇也。」[3]但是並沒有連用「仁義」二字。孟子應該是認為單純只有關懷是不行的吧！所以他很愛用「正當」、「條理」這些意思的字。

道和德這兩個字，當然儒教也有使用，只是這兩個字也是老莊思想所重視的概念。老子《道德經》中提到「大道廢，有仁義」[4]，以真正的道德消失了為出發點，用挖苦的方式評論孟子那種特別提倡仁義的必要性。但是包括魯迅的做法在內，和仁義道德連在一起用的話，就是儒教的學說了。

儒教的仁義道德就是以思考人類社會原本普遍存在的應有樣貌，作為恆久不變、不論何時何地人都應該遵守的規範，而提倡那樣的內容。對父母孝、對君主忠，則是最基本的（還有加上對丈夫守貞、形成父子、君臣、夫婦三綱[5]的人際關係基本形態）。

那本《平家物語》有不少有名的段落，其中之一就是平重盛進諫父親清盛之處，出自卷二「烽火事件」。清盛與後白河法皇對立，想要幽禁法皇，所以重盛極力勸說平家一門受到法皇的恩寵與照顧，希望能夠改變清盛的決心。

> 真是令人悲傷啊！想要為了你而為國盡忠，就必須要忘掉比須彌山山頂還高的父恩。這真是痛苦、難過的事哪！若要盡孝，不擔上忤逆的罪名，又將會成為不忠的逆臣，真是進退維谷啊！（小學館版《新編日本古典文學全集》四五，一三七—一三八頁）

遇到孝與忠，這兩個儒教提倡的兩大德行無法兩全的超級特殊情況時，重盛的心中想必是痛苦萬分。在後來賴山陽的《日本外史》中，以漢文特有的簡潔，表現了這個場

2 仁：出自說文：「從人從二」。
3 **見義不為，無勇也**：出自《論語》為政篇第二之二十四：「非其鬼而祭之；諂也。見義不為，無勇也。」
4 **大道廢，有仁義**：出自《道德經》第十八章。
5 **三綱**：出自班固《白虎通》三綱六紀篇：「故君為臣綱，父為子綱，夫為妻綱。」

景：「想要盡忠，就會不孝，想要盡孝，就會不忠。」（忠孝難兩全）

就這樣，仁義道德的教導，從武士開始受到尊重。朝廷的貴族們和仁義道德是沒什麼緣分的，因為他們的人生哲學就像本居宣長說過的，是高雅的「物之哀」。

僕認為從這裡似乎可以看見從古代到中世紀的轉換。

那麼，從神代開始的漫長古代歷史在此落幕，接下來就轉到更加文明化時代的內容吧！

♣ 鋤之章

武士頭盔

A♣ 中世人們的強韌

生活在平安京的貴族們，一邊活在充滿榮耀與富貴的生活中，同時卻也對來世充滿不安，因而皈依淨土信仰；另外，在他們為了治療疾病與退散怨靈而仰賴密教的咒術時，地方上則出現完全不同的生活方式，亦即武士集團的形成。讓我們來看看山川版教科書怎麼寫。

因為九世紀末到十世紀，地方政治產生極大的變化，其中地方豪族和具有權勢的農民為了維持、擴大勢力而開始武裝，因此各地發生不少紛爭。為了鎮壓這些紛亂，由政府任命為押領使、追捕使的中下層貴族中，有些就直接留在當地成為官衙的公務員，因此出現了擁有勢力的武士（兵）。

以下的記載則是這些人聚集一家老小，互相提攜，結成像武士集團那樣的大規模組織，因此後來才出現像平將門這樣的人物。到了十一世紀，清和源氏和桓武平氏也擴大類似的武士集團，成為武家的棟樑。這段歷史在前面也提到過（五〇至五七頁），也就是「中世」的開始。

雖然「中世是什麼？」是個大問題，如果依僕粗淺的說法，就是「儘管動搖了古代的秩序，但卻還沒產生出與近世性質不同之秩序的時代」，也就是介於古代與近世的中間期。

看似理所當然，可能會被認為好像沒回答出什麼。但恐怕中世的人也沒有自己與古代是不同世界居民的自覺吧！因為我們知道在那時期之後的近世的樣貌，所以了解中世與古代不同，是朝向近世奔跑的時期。但是當事人還無法理解自己要朝向何處去。不，應該這麼說比較正確：歷史並非必然的產物，如果歷史是因人類而造就的話，中世的人就還不算創造出新的時代。僕認為，在秩序的動搖中苟延殘喘、尋找一條活路的不正是中世之人嗎？

因而他們可說是生存的達人。中世與古代的大器與近世的悠閒不一樣，透過閱讀史料，可以看到中世的強韌。

在古代的《古事記》和《日本書紀》的世界裡，王族都可以若無其事地殺人，而且是針對家族同胞。而《源氏物語》所描繪的男女關係，充滿著毫不輸給現代人的華麗糜爛。另一方面，近世、江戶時代的人享受天下太平、不知戰爭為何物，每天竭盡全力於自己所獲得的工作，並在閒暇時發展愛好的技藝。在將古代與近世比較的情況下，僕認為，中世的特徵就是強韌。

在《古事記》中，要殺對手不需要特別的理由。興之所至，就顯露出「因為討厭，就把他殺了」這種大膽的感情用事。高尚的平安貴族，當然不會做這種野蠻的事情，如果做了，那就是因為怨靈作祟的關係，頂多拜託佛僧來「降伏」一下。甚至降伏也不需要有理由，只要「因為是自己的敵人」這樣就夠充分了。

但是到了我們所稱呼的「中世」時期，連打擊敵人也變成必須要有充分的理由才行。若想要隔壁那傢伙的土地，不能說「因為我比較強，所以給我」，而是說「某某人委託我管理那個土地，你沒有得到委託吧！」然後將之趕走，這就是中世的做法。武家的統領就是給予那個證明書的權威者。

當初源氏與平家這兩大武家統領，被京都的朝廷任命為國司等官職，然後以此作為權威的根據，組織許多武士團體並納入自己的麾下。如前面所寫到的，不久平清盛將藤原氏和身為貴族的源氏所獨佔的朝廷高官之地位，改為自己一族所擁有，樹立了平家政權。接著源賴朝在鎌倉創立了自己的政治機構，以和朝廷完全不同的組織開始統治東日本。到了十三世紀，鎌倉幕府的勢力也滲透到了西日本，武家政權開始具備凌駕朝廷的實力。然後，因為建武新政與其失敗的關係，誕生了室町幕府。

從已知結果的立場並列來看的話，可以描繪出的發展是：武士逐漸蓄積實力，一步步地逼近貴族（公家）所掌握的朝廷，使它變得有名無實，同時破壞了莊園制度，結果最後因為創設了江戶幕府，誕生了統治全國各地的幕府與諸大名的「幕藩體制」。江戶時代的歷史家們，如已經介紹過的林羅山、新井白石、德川光圀、賴山陽等人，他們皆知道這些都已經是過去的事情了。當然，對賴山陽來說，這個歷史性的變化並不是那麼令人滿意吧！

不過，對於活在鎌倉時代或室町時代的人而言，自己的做法到底會怎麼樣，都是未知數。從「中世」這個名稱來看，這是個不安定的時代。因為先有「古代」與「近代」（或說「近世」），中間才有「中世」。如同古人不會認為自己生存的時代是古代一樣，或者比上述更強烈地，中世的人不認為自己是中世人，因為這只不過是稱自己的時代為近世或近代的人，回顧過去所取的第三人稱。應該沒有人會把自己的歷史認為是「中間的時代」。

但是，就像剛剛說過的，對僕而言，在與古代及近世比較的情況下，可以認為中世的特徵是確實存在的。但是這裡也有個問題：以往，不論從好壞哪一面，用近世或近代的角度，將帶有各自根據的價值判斷強加在中世的地方非常多，例如所謂的「野蠻的中世」、「封建的中世」、「自由的中世」等等。

因為我們常用現在的角度來看歷史，這種偏見是難以避免的。但是還是要盡量避免偏見，所以在本書中，使用在歷史學的用語裡稱為「心性史」的方法，希望能以這樣的方式來表現中世的人們是如何自我理解自己所生存的時代。

2♣ 眼花撩亂的十二世紀

恭喜你期末考試結束。是不是覺得這一週時間過得特別慢啊？

不管是什麼樣的日子，一天都是二十四小時，等於一千四百四十分鐘，如果是快樂的事情，就會覺得一天很快就結束了；如果有痛苦、討厭的事情，就會覺得時間過得特別慢，甚至有「今天地球是忘了要自轉了嗎？」的感覺吧！

我認為歷史上的時間應該也有類似的情況。不論哪一百年，從物理學上來看，應該就是像牛頓所說的「一致的」[1]。但是仍有緩慢走過的百年，也有急速前進的百年。在日本的歷史中，以十九世紀以前來看，僕認為十二世紀似乎是最瞬息萬變的。

現在雖然稱為十二世紀，但在當時的日本並不知道西元紀年，就算正確來說是一一〇一年到一二〇〇年也沒有任何意義。儘管說是十二世紀，但稍微將時間縮短，請只看

1 **一致的**：牛頓認為時間和空間具備「不受任何影響」的特質，所以是絕對的。因為是絕對的，所以具有共通和一致性，也就是說宇宙只有一個時間和一個空間，各自獨立於萬物之外，而萬物皆在其中運行。

一〇八六年到一一八五年。

為什麼以這兩個年份為起點和終點呢？一〇八六年是堀河天皇即位之年，一一八五年則是發生壇之浦戰役[2]的那一年。

進一步詳細說明吧！堀河天皇並不是在前一代天皇死後即位的，即位的時候，他的父親白河天皇還好好的，但是他卻把天皇之位讓給兒子。為了隱居嗎？不是，白河天皇退位為上皇，而且還出家成為法皇，但他並沒有將手中的政治實權放掉。即使在他的兒子堀河天皇死後，孫子鳥羽天皇即位，甚至是曾孫崇德天皇即位，他一直都還是擁有最高權力的人。直到他在一一二九年過世之前，超過四十年間以「院」的地位君臨朝廷。

之後到十三世紀初期的百年期間，陸續有鳥羽上皇、後白河上皇、後鳥羽上皇等類似的情況。即教科書裡用「院政」這個字來表示的政治形態，而現在把那個時期視為是「中世」的開始。在山川版的教科書裡也一樣，把院政放在「中世社會的成立」這一章的最前面。

在我們過去的學習裡，中世裡鎌倉幕府的成立是劃時代的事件。前面也稍微提到，「想要打造美好之國的鎌倉幕府」。但是如同前面的說明，與其說這一年只是源賴朝被任命為征夷大將軍，還不如說是因為拒絕他所要求之征夷大將軍一職的後白河法皇在那年逝世，所以幕府其實是在比這更早之前就已經出現了。如果從最早來看，應該是在一一八〇年賴朝進入鎌倉時，而現在主張這個論點的研究者聲勢越來越大。因為在這一年，實質的關東政權誕生，所以僕也是持部分贊成的態度。但應該還是以一一八五年，最終消滅平家、恢復安定體制來看才對吧！而且這一年賴朝將弟弟義經放逐到京都，還從曾經寵愛義經的後白河法皇那裡取得「討伐義經」的命令，更為了搜索他的行蹤而獲得制度上（設置守護[3]）的保障。

十二世紀這一百年間，也就是說，中世剛開始的一百年，經歷了從院政到平家政權，然後鎌倉幕府成立的變遷。如果從十一世紀一直存在的攝關政治的時代，或也可以說十世紀就開始的攝關政治來思考，這樣的轉變不正是「眼花撩亂」的表現嗎？

而且如果再看那之後所發生的事，幕府的武家政權直到一八六七年的大政奉還為止，可是持續了七百年之久，所以十二世紀真是政治上激烈變動的時代。

為什麼會有這樣的結果？理由非常多。歷史的變化並不是那麼單純，而是各種要因以合成方式互相產生作用，然後由這些偶然堆累而成的。原本之所以會形成白河院政，是因為他的父親後三條天皇沒有任用外戚作為攝關家。這對父子應該是繼十世紀初的醍

2 **壇之浦戰役**：發生於一一八五年下關市東邊壇之浦，為源平合戰的最後一場海戰。
3 **守護**：以追捕義經為名義，在各處設置以軍事戒備、追捕犯人為任務的官職。

醐天皇以來，好不容易能夠自己掌握政治的天皇。白河天皇的情況是，為了即使退位也不失去權力，而發展出院政這種形式。但是院政之所以能夠成立，並不是僅是這個原因。當時家系的應有面貌與其改變的性質（從氏族到各家系，「家臣」的誕生、長子繼承制等）、莊園的發達、地方統治系統的變化、武士集團的成長等各種因素相互牽連之下，才能產生這種統治體制。

不，不只有日本國內的因素而已。十二世紀東亞整體都處於變動期之中。一〇八六年、白河院政開始的那一年，中國宋朝也發生了政變。正確來說是從前一年開始，推動政治改革的神宗才四十歲就死了，讓反改革派奪走政權。往後四十年間，兩派展開激烈的政治鬥爭，結果造成北方的金一度滅了宋，也就是一一二七年的靖康之變。之後，宋在南方復活，與北方的金對峙。不過，在金的北方，這次出現的是初試啼聲的蒙古族。一二〇六年，成吉思汗即位，帶來了新的時代。日本的政治變動（例如鎌倉幕府的確立）與中國的變動不無關係，這是僕的見解。

總之，十二世紀正是「諸行無常」。《平家物語》和《方丈記》會那樣寫，也是因為他們對那段歷史的實際見聞和感受吧！

由平清盛建立的平家政權，有些人可能會認為「毫無疑問地，取代藤原氏、從此就是平家以外戚的身分掌控政治」。但是那也不過是短暫一瞬間，平家輕易地就在壇之浦被滅亡了。

結果，當時的人也無法預知，源賴朝在鎌倉成立的政權，究竟能夠持續到何時吧！

因為我們知道在那之後的七百年武家政權的歷史，所以對照平家政權的失敗，賴朝這個人以武家政權的第一代被記住，但是賴朝與同時代的人，那時還看不到這樣的未來。就算有人認為鎌倉幕府也是一時的產物，和平家一樣很快就會滅亡，也不是什麼稀奇的事。後鳥羽上皇也是這麼認為，所以在鎌倉發動戰爭，但後來卻輸掉了（一二二一年的承久之亂）。也許可以說在當時就已經決定了武家政權並不像平家政權那樣只是短時間的產物，至少是能和攝關政治一樣長久持續下去的體系。

另外，即使在武家政權的時代，京都的朝廷裡攝關式微，依舊是由院政統治。廢止攝關制度、實質上否定院政是根據一八六七年十二月的王政復古的大號令。幕府和攝關、院政在十三世紀之後可是一直共存的。

3♣ 鎌倉新佛教的時代背景

今天三月十日是一九四五年東京受到大空襲的日子。原子彈雖然是殘酷的武器，但是一個個的燒夷彈燒毀家園，造成十萬名死者的這場空襲，是人類史上最大規模的戰爭受害吧！不是為了審判，而是作為歷史，我們有必要了解並傳達給後世，為什麼美軍的攻擊要做到這種地步。當然關於日軍從中國開始，在亞洲各地進行的非人道行為也是一樣。

儘管因程度而異，但戰爭不論在哪個時代都是殘酷的行為。提到源平合戰，很容易讓人想到優雅而華麗的舞台，但歸根究底那也不過是互相奪取敵人首級而已。而且，要把砍下來的頭拿給自己軍隊中的大人物看，獲得「你做得很好」的稱讚，然後得到金銀、土地或女性的獎賞，這就是武士們的目的。

所以自己這方是否為正義的軍隊根本無關緊要。發生於十二世紀的三大內戰：保元之亂（一一五六年）、平治之亂（一一五九年），還有治承・壽永之亂（一一八〇—一一八五年），不管哪一場戰爭，實際上在戰場上作戰的士兵，幾乎都不了解自己這方的領導者到底主張什麼、又為何發動戰爭。

但是，歷史會成為後世的智慧。《平家物語》認真仔細地描寫了平家沒落的原因是因為清盛等人的驕縱所致，造成了在壇之浦發生的悲劇過程。前面介紹了平重盛對清盛諫言的場面，我們可以假設，如果清盛聽了他的諫言，或者重盛沒有那麼早病死而成為平家整體的支柱，應該就不會發生壇之浦的悲劇了吧！《平家物語》對於清盛以及重盛死後成為清盛後繼者的宗盛，相較之下較為冷淡，但除此之外，對於平家一門是極為同情的。特別是敦盛在一之谷戰役中戰死的場面，也全力著墨（卷九「敦盛死期」）。

源氏那方的武士熊谷直實，在戰場上看到身分似乎很高的平家武將。逼近馬匹抓住他，並把那人壓在地面準備取他首級的時候，看到他的臉，發現他和自己的兒子差不多都是十六、七歲。因為是虛歲，所以正好是你這個年紀。「你的父母不知會多麼嘆息啊！幫助了這個年輕人，對整體的勝負不會有多大的影響。」於是熊谷直實想放他走，但不巧友軍已經到了，不管走哪一條路都沒辦法救他了，因此熊谷直實含淚取下敦盛的首級。「啊啊！既然身為武士就沒有任何遺憾了。既然生於武藝之家，為什麼會有那麼痛苦的眼神呢？就算羞愧，也要請你殺了我吧！」（《新編日本文學全集》四六，二三四—二三五頁）

敦盛是吹笛子的高手，當時身上也帶著笛子，名為「小枝」。雖然假名的念法是

「saeda」，但也許從句子的調子「枝」（sae）來讀還比較貼切。敦盛每天晚上演奏這「小枝」的樂聲，熊谷直實也聽見了。源氏軍隊數萬名士兵中，會攜帶笛子的恐怕只有他一個人吧！《平家物語》解釋熊谷直實原本也是風雅之士，卻不得不放棄，因此他很厭惡以武士為業，後來，他跟隨法然上人出家了。

熊谷出家的真正原因，雖然好像是因為對獲得賞賜的土地有爭議。這點姑且不論，身為武士、也是殺手的男人，之所以成為淨土宗的開山祖師法然的弟子，希望往生極樂世界，這和藤原道長當時的期望又是不同的類別，可以感受到新時代的氣息。

就像前面所說過的，關於當事人是否有那樣的自覺，是值得存疑的。因為往生極樂世界這點是一樣的，但是優雅的貴族所希望的那種極樂世界、與對被自己的血所污染的人生感到後悔而嚮往的極樂世界，在本質上應該是完全不同的吧！教科書裡寫到的「鎌倉新佛教」的興盛，是有著這樣的時代背景。

提到鎌倉時代的佛教，有法然代表淨土宗，親鸞代表淨土真宗，一遍代表時宗，榮西代表臨濟宗，道元代表曹洞宗，日蓮代表日蓮宗（法華宗），這六個新流派，記住他們的開山祖師是關鍵。雖然記住這些確很重要，但如果不理解為什麼會有這些宗派的誕生、他們的教義內容具有什麼樣的特質，只記得這些專有名詞是沒有任何意義的。在這裡，不用日本史，而是引用公民倫理教科書來作為結束吧！第一學習社出版的《論語》

改訂版（二〇〇六年檢定完畢）[1]中的這篇文章原本是僕寫的，改訂版則由D大學的O教授加以改寫。文章取自附有小標「鎌倉佛教的革新性」的段落。

鎌倉佛教的開山祖師們，各有念佛、坐禪、念經名等不同的方法，但不管哪一派都是選擇簡單易行的方式，透過這些方式深入精神上的宗教體驗，成為活在亂世中的人心靈之依靠。這些信仰的核心推手，廣泛地傳播給一般大眾，庶民人人都可以透過念佛、坐禪、念經名，讓自己的靈魂能夠得到安樂。

這個時代的佛教，具備主體的、精神性的、實踐的、大眾的性格。另外，例如對親鸞「娶妻食肉」的肯定，或道元「身心脫落」[2]的思想，鎌倉佛教不再只是單純繼承大陸的佛教，而可以看到日本獨特的發展。進入江戶時代之後，雖然佛教因為寺院法令和為了禁止基督徒所制定的寺請制度[3]等而受到管制，但還是出現了澤庵和

1 **檢定**：日本的中小學教科書必須要經過文部省（相當於教育部）的審定才能作為教科書使用。

2 **身心脫落**：佛教思想，指坐禪時要脫離五欲（色、聲、香、味、觸）、拋棄五蓋（貪欲蓋、瞋恚蓋、睡眠蓋、掉悔蓋、疑蓋），以達到悟的境界。

3 **寺請制度**：又稱為壇家制度，江戶時代為了打壓基督徒，設置了每個人必須向特定的寺院登錄成為壇家（施主）的制度。

良寬等人，向庶民傳布鎌倉佛教的祖師們所提倡的從心靈的苦惱中解放，以及救濟世人的思想。這樣的思想，後來也在日本人的心中承繼下去，直至今日在我們的時代得到傳承。

4♣「對了，去京都吧。」這句話裡的京都

鎌倉新佛教在一開始的時候，被以天台宗為中心的舊佛教眾人冷眼看待。即使榮西為了解釋禪宗絕非危險的思想，而寫了《興禪護國論》也是一樣。至於法然，因為門人行為不檢點，連累他被流放到高知縣，而其弟子親鸞也在那個時候被流放到新潟縣。這些都發生在一二〇七年的時候。

如前面所提到的，那個時候中國大陸也出現了新的變動，即蒙古帝國的興起。一二〇六年，統整了蒙古的各部族，即位為汗的鐵木真（成吉思汗），拓展了周圍的領土。他死後，第二代的窩闊台滅了金，使高麗成為附屬國，讓蒙古成長為東亞地區最強的國家。蒙古向西攻打至現在的波蘭，震撼了歐洲人，讓他們為之緊張。

結果到了一二六八年，第五代的忽必烈，透過高麗遣使至日本，內容是「向我們稱臣納貢，如果不從，就要派軍隊去。」

當時鎌倉幕府的將軍職只不過是裝飾品，實際上是由北條氏掌握執政的大權。當時當家作主的北條時宗對蒙古的國書採取不回應的方針，即使對二度前來的使者也採取無

視的態度。因此，就像忽必烈所預告的，一二七四年（文永十一年），他派了數萬大軍到日本。第一次的蒙古入侵，根據年號稱為「文永之役」。

日本方面在對馬壹岐、松浦接連敗戰，蒙古軍攻入博多灣。因為戰術和以往不同，日本軍最後退到大宰府，讓蒙古軍真正登陸日本成為無可避免的形勢了。

但這時卻吹起了神風，蒙古軍的船多數沉入了博多灣，成為受害者的侵略者往高麗撤退。

七年後的一二八一年（弘安四年），蒙古已經滅了南宋，成為控制整個中國的統治者，又率領比上一次數量更龐大的軍隊，逼近日本。第二次蒙古入侵，也就是「弘安之役」。這次日本這邊對於防禦的對策不敢掉以輕心，讓蒙古沒那麼容易登陸。然而，又再次刮起神風，可憐的蒙古遠征士兵，就這麼葬身於大海中。

在中日兩千年的交流歷史中，受到中國那邊如此大規模攻擊，可說是空前絕後了（由日本發動的進攻有三次：白村江的海戰、豐臣秀吉的出兵、以及持續了五十年之久的中日戰爭）。不過因為是「蒙古入侵」，進攻的是蒙古的軍隊，中國人在蒙古的佔領下，也可以視為是被統治的國民吧（這時候的韓國，也就是高麗國似乎也是相同的情況）。但是，忽必烈身為蒙古族之王，並沒有要求日本向他們伏首稱臣，因為蒙古的國書不是用蒙古文寫的，而是用漢文寫成。

的確，唐或宋並沒有派遣軍隊遠征日本的計畫。然而，也不能就認為他們對日本是以對等的友好國家來看待。在本書中已經說明過了，當時原本就不存在像近代這種國際關係的規則。

以唐和宋的角度來看，日本很明顯就是地位低下、應該帶貢品來進貢的小國，所以遣唐使也是實際上如此表現的使節團。雖然日本沒有向宋派遣國家使節，但是前往宋的僧侶們，並不是前往對等國家，而是為了到佛教的發源地去巡禮和修行才出發的。實際上，榮西、道元所提倡的禪宗這種新流派，就是從中國帶回來的。

不只這兩人，在十三世紀後半到十四世紀前半的一百多年間，為數眾多的禪僧到中國留學，而且還有很多中國的禪僧也來到日本。以現代的意義來看，他們也像過去的鑑真、最澄、空海那樣，不算是純粹的「宗教人士」。他們是詩人、藝術家、技術人士、甚至還有政治家。

渡來僧的代表就是蘭溪道隆和無學祖元。鎌倉的建長寺、圓覺寺就是為了他們而建造的。這兩處加上榮西創立的壽福寺等，創設了五山制度[1]。由國家認定臨濟宗的主要

1 **五山制度**：五山制度源自中國宋朝，將佛寺分為五山、十剎、諸山、林下等級，其中「五山」即為寺格最高者。除了鎌倉的五山（建長寺、圓覺寺、壽福寺、淨智寺、淨妙寺），京都也有五山（南禪寺、天龍寺、相國寺、建仁寺、東福寺、萬壽寺）。

寺院，並給予各種的特權，以保護、扶植他們。

十四世紀中葉，從鎌倉時代末期到南北朝時代，名為夢窗疎石的僧侶（他沒有留學中國的經驗）非常活躍，他擔任北條高時（幕府執權者）、後醍醐天皇（倒幕成功的天皇）、足利尊氏（背著後醍醐開創室町幕府）等這些在政治上對立的權力者之顧問一職。他在鎌倉創建的瑞泉寺是以梅花庭園聞名的名剎，但怎麼說京都嵐山的天龍寺還是更為知名，這間佛寺後來成為京都五山的第一名，嵐山渡月橋的周遭也都是屬於天龍寺的腹地。像夢窗這樣的禪宗高僧，會得到天皇授與的「國師」稱號。在教科書中，除了他，還會介紹五山中的漢詩文名家絕海中津及義堂周信。

他們再次擔任了將這個時期的中國文化、即當時的日本人眼中所看到的「世界中心的文明」，在日本發揚光大的角色。那是與鑑真、最澄、空海所處的時代不同，而且內容上也不一樣的「文明」。提到中日交流史，不管怎樣，都會繞著遣唐使時代的話題打轉，但其實十三世紀到十六世紀的交流也是非常重要的。以和現在有直接相關的意義上來看，或許那個時代帶來的影響比遣唐使時代更為深遠。書法、水墨畫、建築、庭園樣式、素食料理、喝茶的風氣等，後來成為日本傳統文化的東西，大多是在這個時期由大陸帶到日本奠定下來的。

在現今留存於京都的寺院中，完全沒有從平安京創建時代就原封不動保存下來的，因為延曆寺和東寺都因為戰爭遭受火災被燒掉了。白河法皇之後，院政時期的法皇們所建立的六所巨大寺院，總稱為六勝寺[2]，現在也都不存在了。相反地，以天龍寺為首，南禪寺、建仁寺、東福寺、大德寺、妙心寺等創建於十三至十五世紀的禪寺，現在很多都成為京都的觀光名勝。對了，當然還包括金閣寺和銀閣寺。

這句JR東海所作的廣告口號「對了，去京都吧。」，與其說是回憶遣唐使時代的往昔，不如說這文案是拿對於成為日本傳統文化形成期的那個時代，來訴求現代人的鄉愁。

2 **六勝寺**：自一〇七七年至一一四九年之間建造的六間寺院，包括法勝寺、尊勝寺、最勝寺、圓勝寺、成勝寺、延勝寺。

5♣ 寧波專案的目標

今天在大學年度最後的教授會議之後，要舉行退職教授的惜別會，是教朝鮮史的Y教授的歡送會。

Y教授長達三十分鐘的致詞，是發人深省、非常精彩的演講。其中讓人印象深刻的是，他也提到了與本書主旨有密切關係的部分。他說：「對過去的人而言，歷史是眼前一片黑暗的世界。」我們這些活在數百年後的人，是把那些事件的結果當作過去的事情來了解。但是對於當時的人而言，那是還無法預見的未來。在那當下，他們所作的判斷是正確的或是錯誤的，我們這些人宛如從高處往下看一樣去評斷歷史的做法是對的嗎？Y教授說了如此意味深長的話。

僕也完全有同感。歷史上的人物的行為，用是否正確的觀點來看，是一種後世者的傲慢。如此去評斷歷史人物，未來自己也將會受到來自後世的相同對待吧！如果讓僕來說，這就是仁義道德的世界，並沒有用虛心坦懷的眼光來看待歷史。因為人之所以為人，就是會做出大量的錯誤決定，不管是過去也好現在也罷，甚至可能未來的人也是一樣的。但是，我們不是要單方面地去責難這些錯誤的決定，而是要親自汲取那些失敗並活用這些經驗，不要重蹈覆轍，這才是最重要的不是嗎？

Y教授的專長是韓國史，應該是格外困難吧！在韓國，因為儒教傳統勢力的影響，用仁義道德來判斷歷史的傾向更加強烈。特別是與日本之間因為過去有不幸的關係，所以他們不是以「眼前的黑暗」來看那段歷史，而是用「仁義道德」來看待的。圍繞在歷史認知裡的對立是根深蒂固的。僕覺得（Y教授應該也有同感）豐臣秀吉對韓國的所作所為，是對韓國非常抱歉，也是很要不得的事情。但儘管這麼說，抓著秀吉軍隊如何殘虐不仁的事來爭論，能夠解決任何事情嗎？還不如好好檢討為什麼他要向朝鮮出兵、當時的國際環境與日本國內的社會情勢，以及透過分析以秀吉為首、當時的日本人是如何看待中國和韓國的，應該就可以先把「為什麼會出現那樣愚蠢的行徑」解釋清楚吧！不只是秀吉，關於日本在二十世紀的所作所為，也可以說是同樣的行為吧！

過去在東亞的那些交流，是如何形成現在我們所生活的日本呢？以這個疑問為主題，我們現在正在進行一項名為「寧案」的研究專題。「寧案」就是寧波專案的簡稱。寧波是中國的港口城市，位於上海的旁邊，過去所擔任的角色，如同現今的上海一樣。從日本前往中國的人，很多都是透過這個港口城市。過去有九世紀的最澄，十二世紀的榮西和十三世紀的道元、十五世紀的雪舟。到了十七世紀，因為鎖國的緣故，日本人漸漸停止前往寧波，但是來到長崎的中國船仍被稱為「寧波船」。實際上，從中國到日本的商人或是船員，似乎很多都是寧波出身。

因此，寧波的角色是擔任中國文化傳向日本的窗口。如同前一節所說的，禪宗的僧侶在十三世紀到十六世紀期間進行文化交流時，寧波正是交流的中心。原本寧波的郊外就有中國五山中的兩座山，另外三座山也是位於寧波附近的杭州。如果與日本有密切聯繫的港口城市不是寧波，而是更南邊的福建省或是更北邊的山東省的話，說不定「五山」的文化就不會在日本扎根。甚至茶的習慣、水墨畫的樣式、書院建築和枯山水等，實際上也可能成為完全不一樣的東西。若我們想要確實了解關於日本傳統文化的種種，學習寧波與其周邊的歷史是必要的。

大概就是因為這樣，從二〇〇五年夏天開始，有來自日本約一百五十名研究者參加了這個「寧案」。除了歷史學專家以外，像僕這類的思想研究者、文學、藝能、美術、飲食等文化各領域，還有水利、建築、造船等工學方面，加上植物學、醫學、數學等，跨領域各式各樣的專業人士集結在一起，互相交換意見，然後試著共享各自的研究成果。以高中的科目來說，也就是擴及了日本史、世界史、地理、倫理、政治經濟、國語（古典作品）、藝術、生物、地球科學、數學各領域（當然中文也包括在內）。

這不是自誇，因為僕代表統領全體參與者，責任相當重大。常常接到來自同事「要經營這個專案，想必很不容易吧！」的關切話語。的確非常不容易，但是也因此得到只有參與其中才能享受到的樂趣。自己不懂的地方，得到其他成員的各種指導，所以至今在自己專業領域中，懸在腦中的疑問才能獲得解答。所謂最先進的研究，會隨著內容越來越細瑣，而使其他領域的人變得難以理解，但這專案採用的形式，與都是同領域的專家的對話完全不一樣，因為必須想辦法用讓不同專業領域的人也能理解的話來解釋，是非常重要的，所以在「寧案」中，這種方式非常有成效。

所謂的歷史，一般會權宜地分為經濟、政治、社會、文化四個方面，教科書的寫法也大致是如此，但應該是要將這四個方面互相交錯組合才對。也就是說，對於當時生活在「眼前的黑暗」的人而言，並沒有區分「這裡是政治的問題，那裡是文化的部分」。鎌倉五山的建長寺於創建之時，在政治上意味著北條時賴以蘭溪道隆為智囊；經濟上是因為與南宋的貿易而有銅錢流入的問題；社會上則是因為在佛教之中，臨濟宗的勢力增加；文化上的意義則是把五山文化來源的中國文化移植過來。把這些切割開來說明，或許比較好解釋、並容易理解，但還是有必要再次將整體綜合、統整起來，以掌握整體樣貌。學習歷史本來就應該如此，而不是像默背「建長寺創建於一二五三年，開山祖師為蘭溪道隆」這種方式。

如果「寧案」能夠成為稍微改變日本社會整體看東亞歷史的角度的契機之一，那會令人非常欣慰。為了這個目標，僕會繼續努力。所以也請你為我們加油。

6♣ 從南北朝到室町的石蕊試紙

自蒙古入侵的五十年後，鎌倉幕府滅亡了。就是在「同黨背叛，北條散亡」[1]的一三三三年。將軍的家臣稱為「御家人」[2]，但是擁有勢力的御家人足利尊氏終究還是背叛了。

關於背叛的原因，過去有各種說法。現在也認為是多重因素所造成的吧！很難單純化地說明，在經濟、社會上，因為流通經濟的普及，造成御家人沒落與新興階級的興起；政治上則是因為天皇家內部的糾紛與幕府內部的權力鬥爭，這些都是造成幕府衰亡的原因。

因此，與其說因為鎌倉幕府消失，所以問題未能解決，倒不如應該說新政府為了解

1 **同黨背叛，北條散亡**：原文是方便背誦的雙關語：「一味（一三）背いて北条散々（三三）」，把北條滅亡的一三三三年放入同音字裡。

2 **御家人**：直屬將軍管轄的家臣，通常分為旗本（文官）和御家人（武士）。

決這些難題而繼承了這個重責大任。另外，由醍醐天皇親政的建武政府，在這方面也失敗了。抱著不滿的人，轉而對足利尊氏寄予厚望，因此產生了新的幕府政權。

前面介紹的賴山陽等人的歷史認知裡，批判足利尊氏的行為是對於好不容易實現天皇親政的政府的一種背叛。這個批判欠缺冷靜觀察當時的政治情勢和社會狀況的觀點，是相當自以為是的做法。魯迅在《狂人日記》中揶揄：「沒有寫年代，只有強調仁義道德的歷史。」不論何時何地，對天皇的忠誠都是正確的，如果不這麼做，像足利尊氏這樣的人物，無須多言，就會成為被批判的對象。

對足利尊氏的孫子、三代將軍足利義滿來說，也有類似的問題。他的罪狀是「身為日本人，竟成為中國皇帝的家臣」（僕著的《足利義滿　消失的日本國王》一書中，也提到這個問題）。自聖德太子的遣隋使外交以來，日本政府維持一貫政策，與中國的皇帝對等較勁，也不屈服蒙古的脅迫。然而為了獲得來自勘合貿易[3]的利益，竟特地讓我方謙卑地被明朝任命為「日本國王」究竟是什麼道理。

姑且不論像賴山陽那些一百五十年前的尊王攘夷派，現在也還有抱持著那種歷史認知，並反映在現今對中外交上的「仁義道德」擁護者，真是令人驚訝。因為改訂的關係，現在的教科書版本已經沒有這樣的描寫了，但是扶桑社版本的中學歷史教科書曾經有過將源賴朝與足利義滿並列介紹的小專欄，裡面說明了賴朝尊重朝廷，但義滿則被認為有由自己取代天皇的計畫，並以「所以義滿罹患疾病，空虛地離開世間」作結。

從這本教科書可以得到的教訓是：「像將軍這等人，是不可以想要成為天皇的。」如果賴山陽知道這結論，應該會說：「說得好！」然後感動得痛哭流涕吧！

僕第一次讀到這個地方的時候，有一種好像被什麼怨靈附身般的恐怖感覺。為了「降伏」這個怨靈，僕花了數年寫了許多本書（《義經的東亞》、《靖國史觀》、《足利義滿》等），然後也寫了這本書。

在剛開始的地方也說了，關於要如何描寫從南北朝時代到室町時代的歷史這點，會鮮明地顯示出寫作者的「日本國」印象。是要感嘆仁義道德墮落的時代，或是視為充滿民眾活力的時代？還是要以與現在相連結的傳統文化的形成時期來看待？不管哪一種，都是有形成那個思考角度理由的歷史觀吧！因為歷史與算術不同，並沒有「唯一的正確答案」。

不過不管從什麼詮釋角度，以前的「日本國」的去向或許在未來會有所改變，要擁有理解這個重要性的歷史觀。即使說「二加三」不是五而是六，日本也不會滅亡吧！但

3 **堪合貿易**：明朝與日本兩國之間的商業交易協定，由明朝製作「勘合符」發給日本官方的船隻，當貿易船來到中國，交出勘合符比對，符合者收回勘合符之後就可以進行貿易。

是要如何看待過去的歷史，與我們的未來直接相關。僕的人生也已經結束一半了——也說不定百分之九十九已經結束了。無法預測這一點，正是「未來」的恐怖之處——過去的事已經無關緊要，你們的人生現在才要開始。為了不要耽誤你們重要的將來，我們不得不做好自己的工作吧！

啊，怎麼好像一副剎有其事、感人落淚的樣子，讓氣氛變得沉鬱了起來，轉移一下話題吧！

背叛後醍醐天皇的足利尊氏，從鎌倉攻打到京都。然後把後醍醐逼到比叡山，暫時佔領了京都。不過從背後追趕此足利軍的是有如大浪般湧至的軍隊，亦即北畠顯家率領的奧州軍隊。這是在本書中久未登場的東北勢力啊！勇猛果敢的軍隊，沒多久就擊敗了足利軍，而尊氏逃到了九州，打算東山再起。

在途中，尊氏得到了與後醍醐天皇對立的光嚴上皇的來信，寫著：「你們才是正義的軍隊。」因此，他不單單只是「叛亂者」，而是獲得在另一方天皇家的命令下採取行動的將軍名分。如前面所述，僕認為在這種地方講究，很有中世的特色。尊氏自己也知道光是靠仁義道德，並不能在戰爭中獲勝（但後醍醐天皇會這麼想就值得注意了）。但是他表現出自己才是身為仁義道德的體現者，並期待著這點多少在戰爭中能夠發揮有利的作用。

結果效果如何呢？儘管根據史料記載，軍事上他是居於壓倒性的劣勢，但尊氏在博多近郊，擊敗後醍醐天皇的菊池軍，再度向京都前進，從西邊進攻。後醍醐方面派出大將新田義貞迎敵，北畠顯家則已經回到奧州去了。北畠顯家這個年輕人，就是《神皇正統記》的作者北畠親房引以為傲的兒子。

新田義貞的旗下有大將楠木正成，他輸了這場戰役，自己也有在戰場上戰死的覺悟。因此，他的兒子正行在途中返回故鄉。這是《太平記》中首屈一指的知名場面，那個地方名為櫻井。啊，這裡又碰巧是櫻花。如果這裡是梅井或桃井，或者是楠井，應該就不會成為後世如此頻繁出現在戲劇中的知名場面吧！以下是《太平記》裡面正成的台詞：

> 若是聽到正成戰死，要了解天下必定會成為將軍（尊氏）的治世。但是人世間，即使變成了這樣，也不可以只想著要活命，而捨棄了長年持續的忠義，並出現投降、違背道義的舉止。在一家老小、滿門家眷中，即使只剩下你一個人，也要死守金剛山，如果敵人攻進來了，就捨命出戰，將名譽留給後代。這是我認為你能做到的孝行。（《新編日本古典文學全集》五五、三〇五頁）

對後醍醐天皇盡忠，也就是對自己盡孝。這是提倡忠孝兩全的著名文章。啊，但是為什麼非得要大肆宣揚這種仁義道德呢？結果，楠木正成在這之後就戰死於湊川，他的兒子正行遵守他的遺言侍奉南朝，最後也戰死了。

不過，明治以來的實證式歷史研究，顯示出楠木正成在歷史上並不是像這種以說教流傳後世的人物。這個知名的場面，終究只是《太平記》作者的創作吧！對楠木正成來說，取下敵人的首級、獲得恩賜，讓自己一門發達才是重要的事，他和兒子應該都沒有為了忠義而讓一族全部消滅。危險的戰役不讓兒子同行，這裡要傳達的訊息應該不是「現在活下去，之後再戰死」，而是「要一直活下去，讓楠木一族存續下去」才對。

魯迅所說的「仁義道德會吃人」，你應該了解意思了吧？

7♣ 將日本史一分為二的應仁之亂

十二世紀，中國南宋出了朱熹這位思想家。他自稱為孔孟學說真正的繼承者，寫了《論語》、《孟子》（魯迅發現「吃人」這個詞的書）的注釋本，表明了他信仰儒教的本義。「仁義道德」的學說，因為他而得到了深奧的哲學和思辨上的證明。朱熹將學問體系化，因此被尊稱為朱子學。

蒙古帝國之後統治中國的元，將朱子學提升到國教的地位。一方面是因為這樣方便對漢族使用懷柔政策，另一方面，因為朱子學的普遍性，在這個異族王朝裡也很受用。在元之後統治中國的明朝，更加推崇朱子學，連官僚任用考試的科舉，都要求必須依循朱子學的思考方式才是正確答案。當然，希望成為官僚出人頭地的學生，大家都不得不學習朱子學。就像我們現在不得不學習關於民主主義的理念或是基本人權之類的內容一樣。

這波浪潮也逼近了日本。蒙古入侵的時候在岸邊成功地擋住他們的侵襲，但是卻無法防止朱子學說的滲透。不對，應該說是積極地採納吧！但是在沒有科舉制度的日本，呈現出了與韓國（高麗、朝鮮）以及越南（黎朝）不一樣的情況。當時學習朱子學的主要對象不是要參加科舉的人，而是禪宗的僧侶們。

從十三世紀到十四世紀，留學僧和渡來僧們，把朱子學的書籍帶到了日本。在思想內容上，禪與朱子學其實是有相當接近的關係，因此，他們為了把朱子學當作領悟佛教真理的輔助工具，也學習朱子學派的儒教。禪寺之中特別是臨濟宗的五山寺院，成為可以學習關於朱子學知識的地方。

儘管《太平記》的作者至今仍不清楚是誰，但是當時的公家日記中，可以看到寫著「小島法師」的記載。在無數個和你媽媽本姓相同的「藤原先生」排列的日本歷史中，「小島君」一個人孤獨地活躍著[1]。另有一說是這位小島法師就是在《太平記》中登場的兒島高德這個人的家族之一，或者說就是小島本人。

兒島似乎是根據岡山縣的地名而來的姓氏，僕還是小學生的時候，社會課的教科書裡寫著「兒島灣的海埔新生地」[2]，結果常被同學取笑。

兒島高德這個人因為獻詩給後醍醐天皇而聞名[3]。他和前面介紹到的楠木正成一樣，都被視為忠臣。是戰前的學校教育中，必定會教的名人，文部省也有「兒島高德」唱遊歌曲。

不知道是那位兒島高德還是別人，如果《太平記》是小島法師的著作，那就會變成僧侶所寫的故事，而且總覺得這個僧侶似乎與五山有關係。不管是兒島高德的行為模式也好，或是前一節介紹的楠木父子之櫻井驛訣別也好，《太平記》充斥著仁義道德的味道。結果父親楠木正成的遺言「以身為南朝的忠臣而死就是對我盡孝」實現了，楠木正行後來戰死了。這也可以算是仁義道德會吃人的例子吧！

說起來，《太平記》是非常諷刺性的書名。因為南北朝時代是戰亂不斷的時代，與其說書名顯示故事的內容，不如說是表達了作者的願望吧！看到人們如同兒島高德及楠木正行父子那樣，遵從仁義道德而行，是作者的願望，所以才創作這本書。因為當時，實際發生的情況正是「下犯上」。

「以下犯上」動搖了原本的身分和秩序，貧賤者威脅到尊貴者的時候，就稱為下犯上。雖說是名門，但不過是一介御家人的足利尊氏，成為朝廷的高官，甚至擁立傀儡天皇、成為征夷大將軍這件事，就是非常重大的下犯上。而且，只是這個尊氏的家臣高師直，就賣弄讓公家們畏懼的權勢，也是一種下犯上。

1 本書作者也姓小島，因此這裡應該是開玩笑的意思。
2 兒島與小島的發音相同。
3 **兒島高德獻詩**：根據《太平記》的記載，後醍醐天皇被流放隱岐的路上，兒島高德想去救他卻沒有成功，於是在他會經過的櫻花樹下削下樹皮，寫了兩句漢詩：「天莫空勾踐，時非無范蠡。」

足利義滿結束了南北朝的分裂局面，確立幕府內部將軍的權威，親自擔任太政大臣[4]，前所未見地登上了公家社會的頂點，想要克服下犯上的看法。我們可以從金閣寺所象徵的豪華絢爛之北山文化[5]看到，這意味著政治秩序再度恢復安定，新的世界似乎正要開始。但是在他死後，接下來的四代將軍義持和幕府的領導幹部們，否定了他所實行的部分方針。雖然六代將軍義教，再次以成為像義滿那樣的專制君主為目標，但最後在大名赤松氏的家中，他及家臣都被暗殺了。

義教的兒子、八代將軍義政，以東山文化[6]的主導者而聞名。相對於北山文化，東山文化所開展的是奧妙、閑靜的世界。他自己在家中面對妻子日野富子，好像也是抬不起頭的「下剋上」狀態，但因為接班人的問題，與細川和山名這兩個大名發生了勢力之爭，終於導致應仁之亂的爆發。

這場是繼保元之亂以來反覆多次、以京都為舞台的戰爭中，規模最大的一場亂事。前面也提到過，很多僧侶和公家因為嫌棄荒廢的京都，於是下鄉到地方，在各地扎下了風雅文化的根基。儘管這場亂事成為京都幕府權力失勢的契機，但或許因為發生這場亂事的關係，讓整個日本列島誕生了一致的「日本文化」。日本各地的寺院和宅第，都設置了與義政所建造的慈照寺（銀閣寺）的東求堂同仁齋同樣的書院造型且附有壁龕的房間。在這個空間裡行茶道、賞玩壁龕裡裝飾的書畫、道具（中國傳來的「唐物」特別受到珍愛）的同時，有時候會說些沒有特定主題的閒聊，而有時也會在這裡召開極為重要的政治會面。政治不是在議會或是正規的官廳裡進行，而是以料亭等餐廳裡的密室為背景展開密談，這種日本的「傳統」，或許就是從這個時候開始產生的。

學者內藤湖南在距今將近百年前的「關於應仁之亂」的演講中，將日本史大略一分為二，以這種方式，評價了這場戰爭。由於應仁之亂，與現在相聯結的歷史開始了，比起來，過去的事件讓人覺得好像是外國的歷史了。

現在的京都街道，完全不是按照桓武天皇設計的都市計畫所建造的。因為應仁之亂的緣故，在全部燒毀之後，由豐臣秀吉時期所規劃的重建才成為現在的基礎。這個時候的主角，不是公家，也不是武士，而是稱為町眾的工商業者。他們與歐洲近代史上的資產階級（bourgeoisie）不同，雖然沒有掌握政治上的權力，但他們擁有自治的權限，也有財力，因此成為支撐並能夠動搖武家政權的勢力。賴山陽之輩的仁義道德史觀所沒有

4 **太政大臣**：日本律令制度下的最高官位，位階相當於正一位或從一位。

5 **北山文化**：室町時代初期的文化，以三代將軍足利義滿（一三五八—一四〇八）位於京都的北山殿（即金閣寺）為代表。特色為融合了武家文化、公家文化與禪宗的中國文化。

6 **東山文化**：室町時代中期的文化，以八代將軍足利義政（一四三六—一四九〇）建造的京都東山殿為中心，代表建築為其中的銀閣寺。相對於貴族的北山文化，東山文化將文學、詩歌、繪畫等藝術滲透到民間。

寫到的是，歷史的真正動力掌握在這些人的手裡。這和怨靈在背後操縱的古代史不同——當然這意思是每個人可以相信自己所害怕的東西——是極為世俗的世界。近世的黎明即將到來。

8♣ 戰國大名的軍師養成學校

從應仁之亂到織田信長登場的百年間，特別稱之為戰國時代。因為這個時代有許多活躍的武將，而且還是以全國規模的格局展開，所以成為歷史小說和電視劇的舞台背景。過去只有以奈良、京都與鎌倉為背景的日本史，在這個時期一口氣全國化。

所謂的大名，原本是相對於小名而來。「名」與後世所用的「名主」這個詞是一樣的意思，指土地的領主。規模小的稱為小名，規模大的就稱為大名。室町幕府沿襲鎌倉幕府，在律令時代的每個「國」設置了守護之職，所以有守護大名的職稱。守護大多是在京都輔佐將軍的政務，在各個國實際執行守護工作的是他們的家臣，或是當地原住民中擁有勢力的人（國人）。因為應仁之亂造成對京都的向心力減弱，使這些守護大名、守護代、國人們自立的傾向有增強的趨勢，這就是所謂的群雄割據。因為與中國的戰國時代有相似之處，所以不知道從什麼時候開始（大概是江戶時代吧）稱之為戰國時代，所以這個時期的大名，也特別稱為戰國大名。

受到小說和電視劇不好的影響，大家對戰國時代的印象可能是經常發生戰爭、一時半刻也無法喘息的時代，所以常會形容是「亂世」吧！但是那是從江戶時代過著平和生活的人們的觀點所產生的歷史觀，僕認為戰國時代的人自己並沒有切身地感受到亂世。所以希望至少在時代劇中登場的人物，不要再說「希望早早結束這個戰國亂世」這種台詞了。這簡直就像在描寫這個時期的戰爭的戲劇裡，希望「這場戰爭早點結束」似乎變成了一**般大眾**所發出的期望。因為除了部分的政治家和學者，大多數的民眾都和軍隊一樣發誓堅信「聖戰完成」。如果是這樣，都是因為受到「仁義道德」教育欺騙造成的結果。

戰國時代的人，因為不知道後來織田信長誕生、或是江戶時代的幕藩體制，即使自己所生存的「當下」發生異常的情況，他們也還不會察覺。即使室町幕府的權威喪失，但是誰也描繪不出代替它的政治抱負的情況，是讓幕府再次取回勢力？或是讓原本的狀態在眼前一直持續下去？僕認為沒有辦法只思考任何一種方式。所以戰國大名們如居民所願，以自己領國的安定為首要目的，然後偶爾對中央的政治插個嘴，以顯示前往京都（上洛）的意願，誰也沒有想到「統一天下」的事情。要說戰國大名大家都有統一天下的野心，應該是賴山陽的任意揣測，只不過這又影響到近代和現代的小說家們的創作吧！

例如上杉謙信和武田信玄，幾度在川中島爭鬥，並不是為了統一天下的佈局，而是單純圍繞在長野縣北部的當地戰役。偏好謙信的賴山陽，吟詠了「鞭聲肅肅過夜河」的詩句，在《日本外史》中生動地描寫這場戰役，還用了非常有趣的修飾。但是從日本整體的角度來看，這場對戰其實並不是什麼重要的戰役。不過，《日本外史》不愧是名作，所以這場戰役在一般大眾之間也非常有名吧！川中島在日本史的教科書裡也有記載（S老師，在改訂教科書的時候，請刪掉這裡吧！儘管那是我們小島家的祖先們大為活躍的戰爭）。

以這點來看，在一般戰國大名當中，屬於異類的應該就是織田信長了吧！只要提到信長相關的事情，知之甚詳的人在這世間是萬頭鑽動的狀態，所以不能亂說話。不過他一連串的措施，已經超出過去的戰國大名的架構，是以「天下」為目標。儘管不清楚究竟他是從何時開始有這樣的志向，但常常被提到的是，他在移往岐阜作為據點時的印章使用了「天下布武」的字樣。原本岐阜這地方的命名，也是因為傾慕中國的故事中，周的發祥地是岐山的緣故。

在小說和時代劇等創作中，像這類的提案，都是信長本人的發想，或是來自還沒成為天下人的木下藤吉郎（後來的豐臣秀吉）的點子，但是實際上，應該有真正擔任政治顧問的智囊積極獻策。鎌倉時代以來，武家政權的智囊團是公家或僧侶。武士原本大多不會讀漢字，因此他們沒辦法通曉中國的典籍、談論天下國家大事之類的。用在本書中相當熟悉的比喻來說，就像現今在政府裡面工作的政治、經濟方面的專家（官僚或學者），不會讀英文的文獻就沒辦法擔任這個工作一樣。所以部會首長（大名）自己不認識字也沒關係。

不過信長應該多少有漢文的素養吧，秀吉也靠刻苦勤讀而學會了，但他們的老師應該還是僧侶。實際上，信長少年時代的家教就是名為澤彥宗恩的僧侶，岐阜的命名也是他的提議。華麗的戰爭場面，成為非常有戰國時代風情的樣貌，但大名們要治理領地，還是要擁有樸實的政治、經濟知識的。

不只是日常的政治，一旦緊急要與鄰國的大名對戰的時候，也需要這樣的人才。像是選擇對自己這邊有利的日期、解讀對戰地點的地勢和氣象等，只靠會武刀弄槍而沒有才能的人是成不了事的。僧侶也會跟著去戰場，這些就是被稱為軍師的人。

所謂的軍師，例如武田信玄的軍師山本勘助，因為是NHK大河劇的主角而變得有名，但其實他被認為是虛構的人物。就算實際上有這個人，也是像《太平記》裡的楠木正成一樣，被傳寫得非常誇張了。恐怕連武田軍的軍師也是禪宗寺院裡的僧侶吧！

事實上，當時在各地戰國大名的身邊，有為了培養成為軍師人才的學校，那就是位於栃木縣的足利學校。沒錯，就像地名顯示的，那是將軍家的出身地。但不是將軍親自設立的學校，而是關東管領[1]上杉憲實在十五世紀中葉時，也就是剛好在應仁之亂的時候，擴大整理原有的設施並重新振興的。這裡的教授群幾乎都是禪宗的僧侶，而且學生也是僧侶。這裡與五山附設的教育設施，根本上完全不同之處在於足利學校是傳授以兵學和易學為主的實用學科。兵學即軍事，易學則是占卜術、氣象學等自然科學。學會這些知識，學生們就可以到各地的大名家就職。所以像是「風林火山」典故來源的《孫子》，也是這個學校的主要教材。

想必織田信長的身邊也有這樣的軍師，如「岐阜」或「天下布武」的說法，被認為展現出源自中國的學識。然而在這其中，至今其他戰國大名還沒想到的，應該是可以發想出新秩序架構的人才吧！當然，不只是靠個人能力，也可能是團體的方式。

取代室町幕府的新秩序，隨著信長的京都行，開始啟動。

1 關東管領：室町幕府設置的官名，由上杉家世襲。

9♣「轉調」這種控制方法

以織田信長麾下的武將們的妻子為主角的小說和戲劇，呈現出上班族出人頭地故事的樣貌。實際上豐臣秀吉也好，前田利家也好，或是山內一豐也罷，他們為織田信長工作，被這個一人獨大的社長記得、並獲提拔，步向出人頭地之路；在視同事們為對手的競爭中，不斷贏過一個又一個對手，最後成為大名，結束成為分公司社長的人生。在這背後，有妻子支持的模式，也正是現代社會的上班族家庭的寫照。

史實是否真如那樣，是個很大的疑問，但是為了讓現在的人容易理解，結果就用了自我投射、容易產生共鳴的簡介。實際上，雖然那是「儘管取敵人首級」的世界，卻可以把話說得很好聽，描繪出與源平對戰時期完全不同的武士生活方式，這可以說是信長軍團的特徵吧（到此的內容，請參閱與「寧案」的其他成員一同創作的《從義經到一豐——開展大河劇的海域》，勉誠出版，二〇〇六年）。

僕認為，能形成這個軍團此一特徵的，就是「轉調」。過去，定居性是武士的本質。原本在平安時代形成武士集團的理由，就是用自己的武器守護自己的耕地。正因為如此，才能成為強大的支柱，變成將軍的御家人。到了室町幕府，世世代代身為足利家的家臣們，以及在南北朝亂事中幫助足利尊氏的一族，佔了守護大名的地位，也把土地當作賞賜送給那些家臣們。對戰國大名而言，像這樣不斷擴大規模的武士集團（國人），並不是來自將軍的權威，而是靠大名本身的權力所統制的集團。但是直到這個時期，定居性還是很強，例如即便上杉謙信上京，他所帶的家臣們也都想早點回到新潟。

此外，提到豐臣秀吉、前田利家、山內一豐等人，各自得到了與出身地（全部都是來自愛知縣）毫無關係的地方作為領地，而且後來升官的時候還被轉封到其他領地。不只是他們，信長麾下最早出人頭地的明智光秀和柴田勝家也是一樣。他們旗下的家臣們也因此得跟著大將的移動而轉調日本各地。其他的戰國大名只有在發生戰爭的時候才會集合家臣，戰爭結束後，就讓他們各自返鄉。但信長軍團不同，他採取的方式是讓各自的師團長將所統帥的部下集合起來照顧，宛如把分店的人事權交給分店長，作為提高企業整體營業額的方式。「上班族」從分店的小店員做到分店長，再以擔任屬於總公司的重要幹部為成功的目標，與同事互相競爭，這實在是非常巧妙的做法。因此，信長的勢力範圍急速地擴張中。

信長的領土與其他的戰國大名，如北邊的上杉謙信，東邊的武田信玄、北條氏政，西邊的毛利輝元之間的「國界線」，由信長信任的師團長們常駐。他們雖然也擁有領地，但是為了從事征服、統治的工作，幾乎沒有時間待在自己的領地內。因此，那些家臣就分成屬於軍團、待在前線的人，以及待在本國、擁有實際工作的人。

另外，身分比他們低下的人也是一樣，分為軍團的士兵與務農者。這些經常配置在國界線的數萬名軍隊，為了提供他們食物、補給武器彈藥，必須要確實作好後勤的管理。在戰場上不只需要勇猛善戰，所以在領地經營方面可以發揮優異才能的人才也開始受到重視。年輕時期的秀吉，就是這種典型。與鎌倉時代的御家人相較之下，不同性格的人，在信長軍團裡也能受到重用。

在本能寺之變信長死後，秀吉以其實力得到了信長後繼者的地位。同時，他更加擴大、推動信長的作風。不只對直屬的家臣，他對於附屬的諸大名，也採用讓他們離開原本定居之領國的政策。德川家康在北條氏滅亡之後，被下令移往北條氏原有的關東地方領地，並且把他與原本的地盤愛知縣切割。

上杉景勝（謙信的養子）也被命令從越後（新潟縣）移到福島縣會津地方。這時候，有一名家臣表示反對的意見，他說：「我們上杉家強盛的祕密，正是因為在越後這個土地上扎根。如果去了會津，就會失去與這個土地的人們的聯繫，逐漸被抽掉重要的部分了。我堅決反對這個移轉，如果主公要去會津，我就辭職留在越後。」於是，他放棄武士身分成為專職的農民，走過江戶時代，一直以農家為業。這個瀟灑的家臣正是我們小島家的祖先小島彌太郎。本家的家譜裡記載了這件事，至於是真是假就不得而知了。

因為這個被稱為「轉封」的政策，有勢力的戰國大名們被斷絕了與過去擁有的當地社會的密切聯繫，如同彌太郎所預言的，被抽掉重要的部分。另外，包括身分低下的武士在內，全部被集中在城下町，農村變成只有農民居住。這就是兵農分離。因此，與江戶時代的幕藩體制相連的社會就此形成。

有句話說：「由織田搗米，羽柴（豐臣）捏製的、名為天下的麻糬，坐享其成的是德川。」家康雖然並不是這麼簡單就成為天下人，但是要說到社會的架構，由信長（的智囊們）建立的計畫，透過秀吉發展，然後家康活用它建立江戶幕府，這種看法的確是正確的吧！

持續五百年的中世結束，移向近世的社會。

10♣ 作為勢力的佛教寺院與天皇

信長和秀吉創造近世的社會時想打倒的對手，並不光是其他的大名。而是打從古代以來，成為日本社會秩序的核心、跨越中世持續存在的兩股勢力，一個是佛教寺院，另一個是天皇。

像延曆寺和東大寺那樣規模龐大的寺院，在全國各地還擁有一系列的中小型寺院，並擁有廣大的莊園。而且他們還深入工商業活動，獲取利益。如同本書中多次強調的，那已經不只是現代意義裡的宗教，在政治、經濟、社會、文化等各方面都是重要的角色。

到了室町時代，在與幕府的關係上，除了禪宗寺院擴展其勢力外，淨土宗體系和日蓮宗也具有影響力。所以，從真正的意義上來看，認為鎌倉佛教是到了室町時代才在社會上扎根的見解是非常有力的。其中，一向宗（淨土真宗）出現了蓮如這號人物，他推動並擴大了教團的組織化。一向宗的根據地位在大阪的石山本願寺，那裡是信長經歷長期戰爭的對手。本願寺除了由門徒組織的一向一揆[1]，也與毛利氏等戰國大名，以及根來眾[2]等當地的國人勢力共同奮鬥，對抗信長。有些看法認為，對信長來說，最大的敵人不是武田信玄，也不是上杉謙信，更不是招致火攻的比叡山延曆寺，而是這個本願寺，所以他們的對立抗爭是很重要的部分。如果本願寺那方勝利了，日本的近世社會應該就會呈現出與實際所形成的完全不同之樣貌吧！

本願寺漸漸被逼到走投無路，最後以退出大阪為條件，與信長講和。擔任雙方仲介角色的人，就是天皇。即便這麼說，但天皇並不是出自本身的意願。可以解釋為天皇是由於信長那方的期望，所以才這麼做的，因為天皇還是具有讓這些宗教團體不容分說、對他們下達命令的權限與權威。

光從這件事，對於以統一天下為目標的信長和秀吉而言，該怎麼處理天皇就是另一個很重要的問題。原本信長的父親織田信秀，在愛知縣的時候，就為了擴大自己的勢力，在京都透過送貢品討天皇和公家的歡心，以便利用他們的權威。因此，根據賴山陽給予的評價，織田家身為大名，值得稱讚的是他具備尊王思想。而後世承繼這個看法，即使到了明治時代，對信長的評價比家康還高。

---

1 **一向一揆**：一向宗門徒所組成的組織（一揆本意為人民團結起來請願或抗議的組織）。

2 **根來眾**：以根來寺（位於今和歌山縣岩出市）的武裝僧侶為主的軍隊。

原本就不只織田家，很多戰國大名也會這麼做。足利將軍家的勢力因為應仁之亂而沒落後，為了讓自己獲得權力，於是天皇浮上台面。換言之，與其說大名們是將軍的臣下，不如說已經開始表現出做為天皇的直屬臣下了。然而，因為目的只是為了被賦予權力，像賴山陽所說的尊王思想，在當時是絕對沒有流行的。他們不是真心相信「仁義道德」，應該看做只是政治上的利用而已吧！前面僕提到「中世人的強韌」，就是這個意思。

總之，因為信長從父親那代開始就與天皇有關係，所以在他擁立將軍足利義昭、成為京都實際上的控制者時，也好像很受到公家們的喜愛。而且，因為他把這類的事情交給在這方面機敏的秀吉、通曉禮儀的明智光秀，所以天皇及其周邊的人，比起將軍義昭，他們還比較信任信長。實際上的權力，包括軍事上和經濟上的在內，義昭都只是信長的傀儡罷了。

因此，即使信長在一五七三年將義昭從京都放逐，也沒有引起特別大的波瀾。此外，雖然在教科書中以「室町幕府的滅亡」提到此事，但義昭在被放逐後還是繼續自稱征夷大將軍。因為在室町時代，過去也發生過幾次將軍被有權勢的大名從京都放逐地方的事件，當時的義昭應該還想著「有朝一日自己還能回去」吧！他投靠毛利輝元，一邊在瀨戶內海的風景名勝鞆之浦流浪，一邊與反信長派往來。後來輝元歸順秀吉後，他也回到了京都。另有一說是想要當征夷大將軍的秀吉，向他要求「讓我當你的養子」，被他以「我們足利家的姓氏怎麼可以讓只是平民百姓的人來污染」的理由拒絕了。

信長放逐義昭之後，脅迫天皇任命自己為右大臣，但那也只是形式上的，實際上他不是尊王家吧！降伏本願寺、滅掉其他戰國大名之後，最後他打算如何處置天皇，因為發生本能寺之變而成為永遠的謎。不過，有一些看法認為，正是因為信長考慮做什麼而引發本能寺之變，亦即自古以來一些有力的看法，認為這不是明智光秀個人的行為，僕其實也被這種說法吸引（在其他的機會下，差不多就會披露一己之見了，敬請期待）。

接著談到秀吉，從前面的軼事也可以知道，他似乎很喜歡自古以來的權威。下面這段也是傳說，一般評價是他的出身所造成的自卑感造成很大的影響。所以，他以藤原氏嫡系之一的近衛家養子的名義，成為關白[3]「藤原秀吉」，不久在天皇的特別命令下，賜姓「豐臣」而有了新的名字。關白一職不是誰都能做的，只限於被稱為五攝家的藤原氏嫡系中的五個家族（近衛、鷹司、九條、一條、二條）。所以即使是那位足利義滿，也不能當攝政[4]或是關白。豐臣家的創設，是十世紀誕生攝關制度以來的重大變革。另

3 **關白**：日本官職名。天皇長大成人後擔任全面輔佐政治的職位。八八七年藤原基經任第一位關白，之後除豐臣秀吉與豐臣秀次兩任外，皆由藤原氏或五攝家擔任。

4 **攝政**：因天皇年幼或病弱，代掌政治的官職。自八五八年藤原良房任第一位攝政以來，代代由藤原北家獨占。攝政與關白獨控政權的政治制度即為攝關政治。

外，從關白退下的人，一般稱為太閤，所以在歷史上太閤有十幾人，並不是秀吉獨有的稱號。

最後一個閒談，一般我們都會說「豐臣秀吉」，但是若要符合這種叫法，也就得說「平信長」、「源家康」才對。不只是他們，以這次出現的人名為例，就要稱「源義昭」、「源晴信（武田信玄）」、「藤原輝虎（上杉謙信，另外在長尾景虎時代的話，稱為平景虎）」。相反地，如果使用織田信長、德川家康，則到秀吉死之前，應該是要稱他為「羽柴秀吉」才對。源、平、豐臣等是「姓」（貴族的氏族名），織田、德川、羽柴等則是「氏」（家族名）。在現代的日語中，姓與氏是同樣的意思，但是原本姓與氏並不一樣。[5]你出生的時候，我們所居住的德島市內主君們的墓地上立著的石碑，上面刻了「以源為姓，以蜂須賀為氏」的字樣（原文為漢文）。不過愛知縣的無賴頭頭蜂須賀小六[6]，如果是將軍足利家的親戚源氏，實在太過突然而令人難以置信吧！

5 **姓、氏**：作者此處使用「姓」（せい）與「氏」（し）兩個漢字。前者是氏族名，亦可稱為「氏」（發音為うじ）。原指古代統治階層的貴族，這些貴族依其職務、領地、居住地等命名，即為「氏名」，如源氏、平氏、藤原氏等，地方的中小貴族及平民並不能擁有「氏」。後者是指家族名，即現今所稱的姓氏，又稱「苗字」（みょうじ），是一個家族從氏族本家分離出去後，以其職業、官職或是居住地等稱呼的新姓氏。

6 **蜂須賀小六**：本名蜂須賀正勝，秀吉的家臣，通稱小六或小六郎，後來改名彥右衛門。

J♣ 新外交關係與「這個國家的樣貌」

太閤「羽柴秀吉」死的時候，留下的遺孤秀賴還是個幼兒，所以無法馬上如預期的當上關白。但他要成為天下人的繼任者，必須得到附屬於秀吉的大名們一致同意。問題在於誰來當他的輔佐保護者、也就是實際上的天下人呢？這時德川家康和石田三成對立，結果發生了關原之戰。

不過，這裡如果要用「仁義道德」的話來講，因為三成的身分比家康低下，他等於是把自己集團裡的統帥毛利輝元給擺在一旁。關原西軍形式上的統帥是據守大阪城的輝元才對。因此，戰後毛利家也直接面臨了被滅亡的危機。很快就與家康暗中聯繫的毛利一族的吉川廣家，把自己應得的領土賞賜讓給輝元，並總算取得家康的許可，成立了長州藩，說這裡成為十九世紀中葉討幕運動與明治維新的中心也不為過。「那時候如果終究滅掉他們就好了。」

關原西軍中還有另一支軍隊，一直在觀察戰況而沒有動靜，直到因為不斷出現背叛者，使得西軍逐漸顯現出敗北的色彩，才特地突破東軍的陣地，脫離戰場，那就是薩摩的島津家。另有一說是家康打從心底體會到島津家的勇猛果敢，如果要擊敗他們，不知道會遭受到多大的抵抗，所以儘管他們是西軍那方的人馬，也幾乎沒有給予任何責難就放過他們。不只如此，還順應島津家的期望，認同了島津對琉球的出兵與控制。薩摩之所以強大，就是這個緣故。「啊！還是應該連這裡也擊敗才對！」

因為出現了琉球這個地名，這裡簡單地回顧一下吧！足利義滿開始與明朝交易的時候，沖繩本島上有三個國家[1]，各自向明朝朝貢並被認可為國王。一四二九年，其中的中山國成功統一了三個國家，誕生了琉球王國。琉球規模雖小，但在東亞的國際關係中，與朝鮮王國、安南王國（越南）、「日本王國」（室町幕府）是同等的。而且，在這個架構中，也與日本締結外交關係、互相交易。

所以，琉球國家成立的根據是因為貿易。因而對琉球來說，以明朝為頂點、核心的國際政治秩序，是不可或缺的。即使與日本的交易，他們也不是直接到堺[2]或兵庫[3]，而是透過薩摩島津家。

島津家向秀吉屈服，後來還發誓成為家康的臣屬，眼光則看著南邊，計畫著對琉球的控制。因此，一六〇九年，島津家發動軍事遠征，使琉球向薩摩軍投降。薩摩的目的是為了徹底掌握琉球身為明朝朝貢國的貿易權利，所以尊重他們名義上的獨立。琉球國王在江戶的德川將軍世代交替的時候也派遣使節前往，等於是被迫對明朝（滅亡後是清朝）的皇帝、島津、德川這三個主人盡臣屬之禮。

同樣地，在一六〇九年，對馬藩的宗氏成功修復與朝鮮的關係，之後在江戶時代，幕府與朝鮮王國以對等的立場，持續著外交關係。「修復關係」的意思當然就是秀吉攻打朝鮮的後續處理。家康不像秀吉那樣對大陸用軍事攻打以獲得財富和領土為目標，而是在當時東亞國際關係規則的大架構下，以和平的貿易方式獲得利益為目標。

對東南亞方面則是派遣朱印船[4]，除了進行頻繁的往來，也致力於與西班牙、葡萄牙甚至是英國及荷蘭的友好。

在日本的北邊國境地帶，也展開前進蝦夷亦即北海道的活動。一六〇四年，松前氏得到家康的認可，與愛奴族進行獨佔的貿易，在幕藩體制下，建立了松前藩的地位。雖然在一六六九年，與領導者沙牟奢允率領下的愛奴族發生戰爭，但取得了勝利，因此松前的商人連蝦夷內地也能進去了。即便伴隨著八百年的時間差距，依舊發生與在東北的

1 **沖繩三國**：山南、中山、山北三個國家。
2 **堺**：位於大阪。
3 **兵庫**：位於神戶。
4 **朱印船**：十六世紀末到十七世紀初，帶著日本掌權者所核發的海外航行許可證（蓋有朱印的文件）而得以到海外進行交易的船隻。

阿氏流為的事件一樣的情況。

與一六〇〇年的關原之戰、一六〇三年的江戶設置幕府所產生的連動關係，在日本周邊形成了新的對外關係的架構。後來到了幕末，「日本」的樣貌才固定下來。當初在東南亞那邊，朱印船昌盛地頻繁往來，為了貫徹禁教令而採取了鎖國政策之後，一時之間盛況非凡的日本人町也荒廢了。取而代之的，是十八世紀中國商人開始在這個區域進出，也就是現在被稱為華僑、華人的祖先。家康修正秀吉採取的膨脹政策，放棄對朝鮮領土的野心，在南方的勢力範圍只取回琉球，北邊則推動與蝦夷交易，以這個範圍為日本的統治，展現了構築新的社會秩序的方向。

Q♣ 鎖國時代的中國印象

在鎖國的時代，原則上日本人是不能到外國去的。之所以說原則上，是因為也有例外的情況。

第一種例外是漂流民。搭上船之後，因為某些因素船漂流到中國、韓國，或遠至俄羅斯、美國的人，就像舊俄羅斯（大黑屋）光太夫[1]或是約翰（中濱）萬次郎[2]，不過這些人並不想用這種方式出國。

另一種則是有計畫前往外國的人，也就是在琉球和對馬的外交相關人士。如前一節所說，琉球國實質上是在薩摩藩的控制下行動，名目上則是向中國皇帝朝貢的獨立國

1 **大黑屋光太夫**（一七五一—一八二八）：江戶時代後期以伊勢國白子港（現三重縣鈴鹿市）為據點的船長。他在一七八二年因為暴風雨，船隻漂流到俄羅斯，約九年半後才回到日本。

2 **中濱萬次郎**（一八二七—一八九八）：於一八四一年與漁夫出海捕魚遭遇暴風雨，被美國捕鯨船所救，因為當時日本進行鎖國政策，美國船隻無法靠岸，因此被取名為約翰的萬次郎就跟著美國船航行到世界各地，後來到美國讀書，一八五一年回到日本。

家。因此，每年照慣例搭船前往福建省福州，而且使節還要前往北京。另外，對馬藩擔任與朝鮮國的外交與通商的工作，所以在韓國的釜山設有出差機構（其實，就在三天後，僕第一次要去對馬，也打算到展示當時相關史料的博物館等參觀）。

除了與琉球往來的福州、北京，與對馬相通的釜山、首爾的聯繫，北海道的松前藩也透過愛奴人與西伯利亞、俄羅斯相通。然後，別忘了還有長崎。雖然動不動就會想到過去只有出島成為目光的焦點，擔任與荷蘭的交易港口，但實際上在與中國的關係方面，不論質或量，長崎的地位都非常重要。這裡也有來自中國、移居在此處的人，而且為了向這些人學習中文，也有來自日本全國各地的有志者到此。儘管不像過去的五山文化時代[3]那樣的中國熱，但是在江戶時代，透過這種方式的接觸可說是不絕於途。

你知道元祿[4]文化這個詞語吧！在政治上持續了近百年的天下太平，社會上則一片祥和安穩，經濟上變得更加富饒的話，文化也就產生了優異的成就。其中在文學上，教科書裡也特別記載了井原西鶴[5]、松尾芭蕉[6]、近松門左衛門[7]三個人。但是，僕對此處不滿的是，他們對中國文學的影響竟然一概沒有提及。描寫這三人登場的寫法，宛如他們剛好都是純粹由日本國內培養出來的結果。但是西鶴的浮世草子、芭蕉的蕉風俳諧、近松的戲劇腳本，都有中國文學的氣息。請翻閱實際的作品看看，馬上就能理解了。

當然，這時期的日本文學也不是原封不動地將中國文學移植過來，這點和五山文學大不相同。不過，他們能夠寫出這般傑作，絕不是向《古今和歌集》或《源氏物語》學來的。在山川版教科書中，提到元祿文化的特質是：「有以現實主義和實證主義掌握人類與其社會的強烈傾向。」這與說明諸行無常論的《平家物語》和《方丈記》，本質上也有很大的差異。

不過為什麼會有這種情況呢？文化的接受者不是公家也不是武士，而變成是商人的社會背景是很重要的。在教科書中也強調了這點。不過，他們又是如何看待這些應商人的需要而產生的作品呢？因為是天才，所以突然就閃閃發光嗎？並不是如此。

不僅這三個人，在江戶時代的文人們作為基礎知識而學習的中國近代文學作品中，可以看見如這教科書裡所描述的特徵。解釋這個世間事物的不是佛教的東西，如果以粗略方式而論，這個時期出現儒教式重視現實世界的傾向，這正是宋代之後中國文學的特

3 **五山文化時代**：鎌倉時代末期到室町時代，在五山派的禪宗寺院之間盛行的文化。

4 **元祿**：十七世紀末至十八世紀初由五代將軍綱吉執政的時期。

5 **井原西鶴**（一六四二—一六九三）：江戶時代俳句詩人。他獨創了文學體雅俗折衷的文體，稱為「浮世草子」。其作品包括《好色一代男》及《好色五人女》。

6 **松尾芭蕉**（一六四四—一六九四）：俳諧詩人。作品包括知名的《奧之細道》。

7 **近松門左衛門**（一六五三—一七二五）：日本江戶時代前期人形淨瑠璃及歌舞伎的劇作家。作品包括《曾根崎情死》及《情死天網島》。

徵；而日本也在這個時期，終於以商人為中心，將可以接受這種特質的文學之社會基礎準備好了吧！元祿文化具有這樣的時空背景。雖然因為鎖國，誰也沒去過，但中國的存在仍舊是一如以往擁有巨大的影響。

不知是否因為如此，近松留下了以中國歷史為題材的傑作《國性爺合戰》。這是他以這是實際存在的人物鄭芝龍、鄭成功父子為雛形，描寫明清之間戰爭的巨作。因為鄭成功的母親是九州武士之女[8]，把成功的國姓爺描寫為身上有大和魂的武士。這裡說明一下明朝將軍吳三桂（實際存在的人物）怒罵清（滿州族）野蠻的台詞吧！近松的這段描寫，把元祿時代的日本人整體對於日本在亞洲當中的位置表現了出來。

> 誠惶誠恐，大明國三皇五帝皆興禮樂、示孔孟之教，今也多盛五常五倫之道。釋迦於天竺解說因果學說，有斷惡修善之道，在日本則有說明正直中常的神明之道。

在這段後面，雖然惡言批評滿州族在這樣的文明中微不足道，不過這裡值得注意的是給予了中國等於儒教，然後將天竺（印度）與佛教並列，日本等於神道的評價。恐怕真實的吳三桂並不會這麼想，不過透過這個明朝大將軍的口中，聽起來像是讚揚我們日本國的神道，所以近松的觀眾都會大聲拍手叫好，也就是獲得了連偉大文明國家的人也確實認同的滿足感。如果以現在來比擬，就是美國的國務卿在記者會上給予日本高度評價，這種只有在日本電影才會出現的畫面。

所以，你發現了嗎？當時日本政府（江戶幕府）正式往來的唯一外國，並沒有出現在上述的引用中。那就是韓國（朝鮮國）。在歌舞伎中有高麗屋的屋號[9]，但是在所有劇本中，幾乎看不見有任何韓國的影子。大概只有以神功皇后的征討三韓和豐臣秀吉出兵朝鮮為題材的時候才會出現吧！當然，都是以抵抗日本軍卻失敗的可憐弱者形象出現的。

印度、中國與日本並列，以這三個國家來代表世界。近松也沿用了和前面介紹的《今昔物語》幾乎完全一樣的架構。不過在《今昔物語》中，佛教是三國共通的普遍性學說，所以才會有由中國和日本的高僧用作法的方式來拯救韓國（新羅）的危機這樣的故事。不過到了元祿文化的階段時，在近松的筆下，佛教成為印度的專利，中國是儒教，而我們日本則是神之國。

江戶時代的人，沒人去過印度。近松究竟知不知道早在幾百年以前，佛教在印度被

8 **鄭成功之母**：鄭成功的母親田川氏是日本平戶島人。
9 **屋號**：歌舞伎演員所屬家系的稱號。

消滅的事情呢？

無視於韓國、以自己的印象來寫印度，鎖國體制讓確實不知道外國事物的人，誕生出文學上的傑作。然後，透過這樣的傑作，每個人形成了對外國的認識。幕末的尊王攘夷思想，也是在這種時代背景下誕生出來的產物。

K♣ 現在依舊吃人的仁義道德

明天終於到了畢業典禮了呢！啊！是什麼樣的因果關係，發生了和你小學時一樣的情況，這次也因為有無論如何都無法缺席的工作，僕沒辦法出席。那工作就是「日中歷史共同研究」的聚會。只能在前往出差地點福岡的飛機上，想像畢業典禮的情況了。

這節也是本書最後一節。僕一開始的計畫就是從你的生日開始寫到今天為止。數數看，五十二天，剛好和撲克牌的張數一樣，所以用了撲克牌的點數來當作小標的編號。所以這也成了最後一張牌了。

讓我們再次回頭整理構成本書的四個部分吧！

第一部用象徵貴族武器的黑桃（spade），所以用劍[1]來作為僕的章名起始。學校裡的日本史科目為什麼無聊？同時上課所教的內容稱之為「日本史」是否適當呢？以這些

1 撲克牌：撲克牌的圖案在各國各有不同的象徵意義，這裡以英國的象徵來解釋。中文俗稱的黑桃圖案，在英國象徵的是鏟子；方塊代表鑽石，梅花則是三葉草（club）。

問題為起點，介紹與現在這個架構相連結的過去的日本史書籍：賴山陽的《日本外史》。然後，指出在尊王攘夷的思想下，只以日本來看日本歷史的問題點。

第二部是以象徵神職人員的信仰的愛心，介紹在這裡稱為信仰的日本神話。《古事記》和《日本書紀》在形式上是歷史書，但是那裡面所描寫的事情，並不是實際發生過的歷史，而是編纂者們認為「如果是這樣就好了」，所創作出來的「故事」。故事的意思是寫下「不是事實的事情」，但是為什麼要寫那樣的故事？還有，因為這些故事，讓我們擁有什麼樣的日本印象？在這部裡要介紹這些。寫得太過分好像會激怒虔誠信仰神話的人，但僕不打算敷衍搪塞。

第三部的鑽石象徵商人的財產，說明作為我們財產的日本這個國家是如何形成的。開始於大化革新（不知是否真正發生過的奇怪改革）、邁向律令國家的路上，挑戰打算引進的「普遍性」中國文明。當然，認為中國是普遍性的文明是當時的人們的誤解，在當時的地球上，還有印度、羅馬、伊斯蘭等優秀的文明。不過因為他們並不知道，會這麼認為也是沒辦法的事。古人得到中國文明的這項財富，創造了日本這個國家，並留下來給我們。

第四部的梅花，象徵百姓的農具，就像用耕田的鋤頭，再次挖掘從鎌倉時代開始的歷史，所以這部分的內容很多在第一部就談到了。我們以日本的歷史現在形成的樣子，來談其形成的經過，並深入鎌倉時代之後展開的歷史中。武士掌握權力的結果會產生什麼樣的政治情勢？伴隨著新來的佛教思想的是何種文化？鎖國這種方式，讓日本人對外國的認識產生什麼樣的陰影？然後，造成的結果是在十九世紀變得有力的尊王攘夷思想，這裡將連結到第一部的賴山陽，僕的這個故事隨之閉幕。

還記得嗎？一開始，僕宣告了以「僕」作為「我」的自稱，然後，這個理由將在最後來闡述。所以在這裡要來實現這個約定。

大概是在小學五年級的時候，補習班的國語論說文教材中，寫到了這段話：「自己非常討厭僕（ボク）這個字。因為僕有奴隸（下僕）的意思。恐怕是自以為非常熟悉漢字的某個人，剛好想裝模作樣所以開始用的字吧！這是日本人不好的特質，和過度卑躬屈膝、奉承諂笑是一樣的。英文就堂堂正正地用I……。」

年少氣盛的小學生「僕」，對這篇文章非常火大。因為完全不記得是誰寫的文章了，所以這裡沒辦法詳實引用，非常可惜（身為歷史研究者這點真是不合格啊）。不過還記得很清楚為什麼會生氣，應該說，連一天都沒忘記過。

這個人是以西方人了不起、日本人糟糕的大前提來寫這段文章。而且存在世界上的只有西方人與日本人，對鄰近的中國和韓國完全想都沒想到。「僕」這個自稱，與歐美語文中的第一人稱代名詞在本質上雖然不一樣，但把它當作是日本還沒有近代化的證據，這個人上漢文課時大概一直在睡覺吧！根據東亞的漢字文化圈，「僕」是傳統的第一人稱代名詞。的確，「下僕」在漢字的本意中是「奴隸」，而且也沒有「上僕」這個詞吧！所以原本是對對方非常謙卑、一開始被當作「您是僕的主人」的意思來使用。相似意思的字還有「臣」。過去在東亞，上呈君王的文書中，自己的署名一定會寫「臣」。

這個意思是，這個「僕」（僕這個代名詞，也就是僕這個人）還不熟悉近代化的平等思想，也就是基本人權。但是僕認為這是個非常美的字。請稍微想想看「貴方的僕」（あなたのしもべ），在人類的關係上，並不是只有對等、平等的關係吧！

沒錯，相對於僕的是君。現在君也還是有君主、主人的意思。「僕與君」，對僕來說，君是即使犧牲自己生命也想要守護的「主人」。不只十五年來一直這麼認為，將來也是一樣。在儒教的教義「三綱」中，朱熹這位大學者這麼說：「君臣、夫婦是後來才形成的關係，只有親子是天生的、切也切不斷的關係，對人類來說，也是最原本的根源。」

不過，關於親子的這種理解方式，違反了「自立之現代的獨立個體」這種學說。你們在幼稚園的時候學唱的兒歌〈握緊拳頭，打開拳頭〉[2]，這首歌的作曲者是法國的思想家盧梭（Jean-Jacques Rousseau，一七一七—一七七八），他在《社會契約論》這本書的一開始就說：「人生而自由平等。」這個思想也成為法國大革命的人權宣言的基礎。

根據這個學說，即使是親子，也應該視為獨立的人格平等對待，因為是基本的人權。因此，近代社會誕生了。

但是「近代的」真的有那麼了不起嗎？過去的人和現在的僕比起來，不知道基本人權的就是不幸的人嗎？

當然，不幸的歷史有很多吧！即使被殘暴的主人對待，也不能有任何怨言，因為做得太過分甚至因而喪命的人也不少吧！不想參加的戰爭，為了「仁義道德」而前往，在戰場上失去生命的年輕人也所在多有吧！比較起來，我們因為幸運生在近代社會就不會遭遇到……嗎？

「仁義道德」似乎正以別的名字出現在舞台前。以「自由」或「民主」為名（啊，這裡當然不是指政黨的名字喔！這些政黨以這些名詞表達理念，以困難的字稱作「觀念」，已經是高中生的你，多少也會用觀念這個字了吧）。

以「為了自由」或是「為了民主主義」等理由，發生了許多戰爭。日本實際上現在也在伊拉克幫忙那種事。「為了自由而死」在美國似乎是被視為非常榮譽。但是這麼一來，「為『自由』而不死的自由」事實上是不被認同的吧！仁義道德吃人，這和過去的

2〈握緊拳頭，打開拳頭〉：原曲為歌劇《鄉村的占卜師》（*Le Devin du Village*）。

東亞是一樣的。

近代到底是什麼呢？本書還沒有接觸這個部分。但是，希望務必還能藉其他機會向你談談關於十九世紀後半以後、明治維新、大正民主主義（democracy）與昭和的激烈變化。

你在那個房間裡，與媽媽兩人，好像非常快樂地在準備明天畢業典禮哪！

好了，我也該為明天的九州出差來整理行李了！

聯經文庫

東大爸爸寫給我的日本史

2013年10月初版　定價：新臺幣290元

著　者　小島毅
譯　者　王筱玲
發行人　林載爵

出版者　聯經出版事業股份有限公司
地址　台北市基隆路一段180號4樓
編輯部地址　台北市基隆路一段180號4樓
叢書主編電話　(02)87876242轉211
台北聯經書房：台北市新生南路三段94號
電話：(02)23620308
台中分公司：台中市健行路321號
暨門市電話：(04)22371234ext.5
郵政劃撥帳戶第0100559-3號
郵撥電話：(02)23620308
印刷者　世和印製企業有限公司
總經銷　聯合發行股份有限公司
發行所：新北市新店區寶橋路235巷6弄6號2樓
電話：(02)29178022

叢書編輯　梅心怡
封面設計　黃子欽

行政院新聞局出版事業登記證局版臺業字第0130號

本書如有缺頁，破損，倒裝請寄回台北聯經書房更換。　ISBN 978-957-08-4277-7 (平裝)
聯經網址：www.linkingbooks.com.tw
電子信箱：linking@udngroup.com

國家圖書館出版品預行編目資料

東大爸爸寫給我的日本史/ 小島毅著．
王筱玲譯．初版．臺北市．聯經．2013年10月
（民102年）．264面．14.8×21公分（聯經文庫）
ISBN　978-957-08-4277-7（平裝）

1.日本史　2.通俗史話

731.1　　　　　　　　　　102019897